湖北省基本养老保险基金可持续性研究

李殊琦　著

武汉理工大学出版社

·武　汉·

图书在版编目（CIP）数据

湖北省基本养老保险基金可持续性研究 / 李殊琦著. — 武汉：武汉理工大学出版社，2024.5. — ISBN 978-7-5629-7034-7

Ⅰ. F842.612

中国国家版本馆 CIP 数据核字第 2024MK0966 号

项目负责人：高　英		**责任编辑**：高　英	
责 任 校 对：张莉娟		**排版设计**：正风图文	

出 版 发 行：武汉理工大学出版社

社　　　　址：武汉市洪山区珞狮路 122 号　　　　邮　　编：430070

网　　　　址：http：// www.wutp.com.cn

印　刷　者：武汉邮科印务有限公司

经　销　者：各地新华书店

开　　　　本：787×1092　1/16　　印张：8.75　　字　　数：224 千字

版　　　　次：2024 年 5 月第 1 版

印　　　　次：2024 年 5 月第 1 次印刷

定　　　　价：49.80 元

前　　言

为激发市场主体活力,促进经济稳定健康发展,2019 年上半年湖北省政府出台了一系列"减税降费"政策,如《湖北省人民政府办公厅关于印发〈湖北省降低社会保险费率综合实施方案〉的通知》(鄂政办发〔2019〕33 号)指出,湖北省城镇职工基本养老保险单位缴费比例由 19％降至 16％,即湖北省城镇职工基本养老保险缴费率降低了 3％。可见,湖北省高度重视降低企业负担、优化营商环境这一问题,"减税降费"对解决上述问题具有重要意义。

然而,湖北省人口老龄化程度呈现不断上升的趋势,截至 2021 年年底,湖北省 65 岁及以上人口占总人口的比重达到 15.42％,较 2021 年全国平均水平高出 1.2％。人口老龄化程度的加深导致湖北省基本养老保险基金可持续性受到冲击。以湖北省城镇职工基本养老保险基金为例,截至 2021 年年底,基金累计结余 1104.27 亿元,但是 2002—2021 年城镇职工基本养老保险基金支出的年平均增长速度(18.00％)已高于基金收入(不含财政补贴)的年平均增长速度(15.62％),且剔除财政补贴后,自 2002 年起,征缴收入已无法应对基金支出;即使包含财政补贴,自 2016 年起,基金收入也无法应对基金支出。可见,随着人口老龄化程度的加深,湖北省基本养老保险基金的支付压力已逐步凸显。

《中华人民共和国国民经济和社会发展第十三个五年规划纲要》、党的十九大报告、《2019 年国务院政府工作报告》均指出要实现社会保险基金(含城镇职工基本养老保险基金)可持续。然而,当其他条件不变时,"减税降费"政策(降低养老保险缴费率 3％)使得城镇职工基本养老保险基金收入减少,基金可持续性将受到冲击。那么,在"减税降费"的大背景下,有必要分析降低养老保险缴费率对湖北省城镇职工基本养老保险基金可持续性的影响,并分析各项政策调整方案对湖北省城镇职工基本养老保险基金可持续性的影响,以期在政府稳步推动"减税降费"政策的基础上,保证湖北省乃至我国城镇职工基本养老保险基金可持续运行,促进整个社会保障体系稳定健康发展,保证广大人民的社会福利水平不受影响。

本书以湖北省城镇职工基本养老保险基金为例,通过建立精算模型,分析降低养老保险缴费率对湖北省城镇职工基本养老保险基金可持续性的影响,并进一步模拟各项政策调整方案（如社会保险费征收体制改革、提升"全面二孩"生育意愿、延迟退休年龄政策）对湖北省城镇职工基本养老保险基金可持续性的影响，并根据实证分析结果，提出关于稳步推进社会保险费征收体制改革、鼓励生育、尽快出台延迟退休年龄方案等政策建议。

　　"千淘万漉虽辛苦，吹尽狂沙始到金"，在本书付梓之际，我要特别感谢武汉理工大学经济学院的曾益老师。曾老师在本书的写作过程中给予了我宝贵的指导和支持。他的专业知识、耐心教导和无私帮助使我能够更深入地理解和研究相关领域。同时，我也要感谢所有在我研究和写作过程中提供帮助和支持的家人、同事和朋友。他们的关心和鼓励是我坚持不懈、最终完成这本书的重要动力。最后，感谢所有读者的关注与支持，希望这本书能对你们的学习和研究有所帮助。

目　　录

第一章 引 言

第一节 背景及现状

为激发市场主体活力,促进经济稳定健康发展,我国出台了一系列"减税降费"政策[1],例如《国务院办公厅关于印发降低社会保险费率综合方案的通知》(国办发〔2019〕13号)指出,城镇职工基本养老保险单位缴费比例可由19%降至16%[2]。响应党中央和国务院的号召,2019年上半年湖北省政府同样出台了一系列"减税降费"政策,如《湖北省人民政府办公厅关于印发〈湖北省降低社会保险费率综合实施方案〉的通知》(鄂政办发〔2019〕33号)同样指出,湖北省城镇职工基本养老保险单位缴费比例可由19%降至16%,即湖北省城镇职工基本养老保险缴费率[3]降低了3%。可见,我国(含湖北省)高度重视降低企业负担、优化营商环境这一问题,"减税降费"对解决上述问题具有重要意义。

然而,随着经济的发展、人民生活水平的提高以及医疗技术的进步,世界大部分国家和地区(含我国)正在经历妇女生育水平不断下降、预期寿命不断延长和人口老龄化程度不断加深的过程(Anderson和Hussey,2000年[4];彭希哲和胡湛,2011年[5])。截至2000年,我国65岁及以上人口占总人口的比重达到6.96%[6],接近7%,

---

[1] 具体政策如下:《人力资源社会保障部 财政部关于调整失业保险费率有关问题的通知》(人社部发〔2015〕24号),《人力资源社会保障部 财政部关于适当降低生育保险费率的通知》(人社部发〔2015〕70号),《人力资源社会保障部 财政部关于阶段性降低社会保险费率的通知》(人社部发〔2016〕36号),《人力资源社会保障部 财政部关于阶段性降低失业保险费率有关问题的通知》(人社部发〔2017〕14号),《人力资源社会保障部 财政部关于继续阶段性降低社会保险费率的通知》(人社部发〔2018〕25号),《财政部税务总局关于调整增值税税率的通知》(财税〔2018〕32号),2018年8月31日发布的《全国人民代表大会常务委员会关于修改〈中华人民共和国个人所得税法〉的决定》。

[2] 根据国办发〔2019〕13号文件,城镇职工基本养老保险用人单位缴费率可由19%降至16%,个人缴费率仍为8%,即城镇职工基本养老保险(总)缴费率可由27%(=19%+8%)降至24%(=16%+8%),也即城镇职工基本养老保险缴费率可降低3%。

[3] 以下如无特别说明,缴费率专指政策缴费率(即政策规定的缴费比例),亦称法定缴费率或名义缴费率,以区别于实际缴费率。

[4] ANDERSON G F, HUSSEY P S. Population aging: A comparison among industrialized countries [J]. Health Affairs, 2000, 19(3): 191-203.

[5] 彭希哲,胡湛. 公共政策视角下的中国人口老龄化[J]. 中国社会科学, 2011(3): 121-138.

[6] 数据来源:2017年《中国统计年鉴》。

也就是说我国于 2000 年基本进入人口老龄化社会。截至 2022 年年底,我国 65 岁及以上人口占总人口的比重上升至 14.90%,比 2000 年高出 7.94%。可见,我国人口老龄化程度处于不断加深的趋势,湖北省也不例外。湖北省同样于 2000 年步入人口老龄化社会[①],此后人口老龄化程度呈现不断加深的趋势,截至 2021 年年底,湖北省 65 岁及以上人口占总人口的比重达到 15.42%[②],较 2021 年我国 65 岁及以上人口占总人口的比重(即全国平均水平)高出 1.20%[③]。可见,湖北省的人口老龄化程度已高于全国平均水平,人口老龄化已成为湖北省乃至全国面临的一个重要问题。

人口老龄化对人力资本市场、宏观经济发展、财政收支平衡等具有消极影响(Corbo,2004 年[④]),如老年人口抚养比不断上升[⑤]、人口红利逐步消失、经济增长速度不断下滑等(彭希哲和胡湛,2011 年[⑥])。在此背景下,关系国计民生的基本养老保险体系[⑦](由城镇职工基本养老保险制度和城乡居民基本养老保险制度构成)也遭到严峻的挑战,即基本养老保险基金支付压力逐步上升,可持续性逐步受到质疑。以湖北省城镇职工基本养老保险基金为例,截至 2021 年年底,基金累计结余 1104.27 亿元[⑧],但是 2002—2021 年城镇职工基本养老保险基金支出的年平均增长速度(18.00%)已高于基金征缴收入(不含财政补贴)的年平均增长速度(15.62%),且剔除财政补贴后,自 2002 年起,征缴收入已无法应对基金支出。即使包含财政补贴,自 2016 年起,基金收入也无法应对基金支出(表 1-1)。可见,随着人口老龄化程度加深,湖北省基本养老保险基金的支付压力已逐步凸显。

表 1-1　2002—2021 年湖北省城镇职工基本养老保险基金财务运行状况　　单位:亿元

年份	基金收入			基金支出	基金收入(总计)减去基金支出	征缴收入减去基金支出	累计结余
	总计	征缴收入	财政补贴				
2002	105.04	79.10	25.94	105.24	−0.20	−26.14	41.18
2003	119.75	92.60	27.15	117.62	2.13	−25.02	43.49

① 2000 年湖北省 65 岁及以上人口占总人口的比重为 6.95%,接近 7%。
② 数据来源:2022 年《中国统计年鉴》。湖北省的人口老龄化程度数据仅截至 2017 年年底。
③ 2017 年我国 65 岁及以上人口占总人口的比重为 14.22%。
④ CORBO V.Policy Challenges of Population Aging and Pension Systems in Latin America[R].Global Demographic Change:Economic Impacts and Policy Challenges,2004.
⑤ 老年人口抚养比=65 岁及以上人口/15～64 岁人口。我国老年人口抚养比从 2000 年的 9.9% 上升至 2016 年的 15%,可见年轻人口的抚养压力不断上升。
⑥ 彭希哲,胡湛.公共政策视角下的中国人口老龄化[J].中国社会科学,2011(3):121-138.
⑦ 我国(含湖北省)基本养老保险体系由城镇职工基本养老保险制度(含机关事业单位养老保险制度)和城乡居民基本养老保险制度构成。其中,城乡居民基本养老保险制度由城镇居民社会养老保险制度和新型农村社会养老保险制度合并而来。
⑧ 数据来源:2022 年《中国统计年鉴》。

年份	基金收入			基金支出	基金收入（总计）减去基金支出	征缴收入减去基金支出	累计结余
	总计	征缴收入	财政补贴				
2004	146.38	110.59	35.79	133.69	12.69	−23.10	66.30
2005	180.70	144.20	36.50	153.97	26.73	−9.77	93.03
2006	239.81	146.80	93.01	201.87	37.94	−55.07	130.96
2007	287.46	184.60	102.86	243.48	43.98	−58.88	176.38
2008	379.40	267.00	112.40	294.89	84.51	−27.89	260.95
2009	435.08	314.70	120.38	350.59	84.49	−35.89	345.44
2010	501.94	375.40	126.54	419.80	82.14	−44.40	427.58
2011	733.90	550.42	183.48	523.40	210.50	27.02	638.10
2012	764.30	570.29	194.01	647.80	116.50	−77.51	754.60
2013	860.49	623.55	236.94	798.02	62.47	−174.47	817.07
2014	977.80	697.91	279.89	950.60	27.20	−252.69	821.60
2015	1132.40	778.81	353.59	1103.60	28.80	−324.79	850.40
2016	1196.90	759.06	323.01	1225.10	−28.20	−466.04	822.30
2017	1793.60	1266.61	394.25	1864.20	−70.60	−597.59	751.60
2018	1941.70	1345.53	470.05	1996.10	−54.40	−650.57	743.40
2019	2418.00	1517.32	786.34	2264.50	153.50	−747.18	1017.10
2020	2024.70	—	—	2265.50	−240.80	—	963.20
2021	2441.93	1245.85	527.95	2441.80	0.13	−1195.95	1104.27
年平均增长速度	18.01%	15.62%	17.19%	18.00%	—	—	18.90%

数据来源：2003—2022年《中国统计年鉴》，2002—2015年《中国养老金发展报告》，2016—2021年《湖北省社会保险基金收支决算报表》。

注：基金收入＝征缴收入＋财政补贴；2022年《中国统计年鉴》对湖北省城镇职工基本医疗保险基金的数据公布至2021年，所以本书对湖北省基本养老保险基金的分析截至2021年。

《中华人民共和国国民经济和社会发展第十三个五年规划纲要》（以下简称《十三五规划纲要》）、《党的十八届中央委员会向中国共产党第十九次全国代表大会的报告》（以下简称《党的十九大报告》）、《2019年国务院政府工作报告》均指出要实现社会保险基金（含城镇职工基本养老保险基金）可持续。然而，当其他条件不变，"减税降费"政策①(养老保险缴费率降低 3%)使得城镇职工基本养老保险基金收入减少,基金可持续性将受到冲击。那么,在"减税降费"和人口老龄化程度加深的背景下,有必要分析降低养老保险缴费率对湖北省城镇职工基本养老保险基金可持续性的影响,并分析各项政策调整方案对湖北省城镇职工基本养老保险基金可持续性的影响,以期在政府稳步推动"减税降费"政策的基础上,保证湖北省乃至全国城镇职工基本养老保险基金可持续运行,促进整个社会保障体系稳定健康发展,保证广大人民的社会福利水平不受影响。

本书以湖北省城镇职工基本养老保险②基金为例,通过建立精算模型,分析降低养老保险缴费率对湖北省城镇职工基本养老保险基金可持续性的影响,并进一步模拟各项政策调整方案(如社会保险费征收体制改革、延迟退休年龄、提高"全面二孩"生育意愿)对湖北省城镇职工基本养老保险基金可持续性的影响,并根据实证分析结果,提出关于稳步推进社会保险费征收体制改革、尽快出台延迟退休年龄方案、鼓励生育等的政策建议,以期为政府推动实施"减税降费"政策提供实证参考,并进一步促进湖北省乃至全国城镇职工基本养老保险基金的可持续发展。

第二节 目的与意义

一、目的

分析"减税降费"背景下湖北省城镇职工基本养老保险基金的可持续性,即降低养老保险缴费率对湖北省城镇职工基本养老保险基金可持续性的影响,系统运用精算模型对以下几个问题给予回答:

第一,在人口老龄化程度不断加深的背景下,如果不采取其他干预措施(即未实施社会保险费征收体制改革、未延迟退休年龄、未提高"全面二孩"生育意愿),降低养老保险缴费率对 2019—2065 年湖北省城镇职工基本养老保险基金的收入、支出、当期结余(即收支差)和累计结余的影响,即降低养老保险缴费率对 2019—2065 年湖北省城镇职工基本养老保险基金财务运行状况的影响。

第二,根据湖北省城镇职工基本养老保险基金的财务运行状况,判断在"减税降费"背景(即降低养老保险缴费率)下,湖北省城镇职工基本养老保险基金是否具备可持续性。

---

① 以下如无特别说明,在分析"减税降费"背景下湖北省城镇职工基本养老保险基金可持续性问题时,"减税降费"政策专指城镇职工基本养老保险缴费率降低 3%。

② 我国(含湖北省)降低的是城镇职工基本养老保险的缴费率,并未降低城乡居民基本养老保险的缴费率(额),因而本书只分析降低缴费率对城镇职工基本养老保险基金的影响,研究对象不包括城乡居民基本养老保险基金。

第三,近年来我国(含湖北省)出台了较多与城镇职工基本养老保险相关的改革,如社会保险费(含基本养老保险费)征收体制改革、延迟退休年龄政策、"全面二孩"政策等。本书将运用精算模型模拟分析"减税降费"背景下,征收体制改革、延迟退休年龄和提高"全面二孩"生育意愿对湖北省城镇职工基本养老保险基金的影响,即在"减税降费"背景下,征收体制改革、提高"全面二孩"生育意愿和延迟退休年龄对湖北省城镇职工基本养老保险基金收入、支出、当期结余和累计结余的影响程度。根据征收体制改革、延迟退休年龄和提高"全面二孩"生育意愿对湖北省城镇职工基本养老保险基金财务运行状况的影响程度,判断征收体制改革、延迟退休年龄和提高"全面二孩"生育意愿能否提高湖北省城镇职工基本养老保险基金的可持续性,能否保证湖北省城镇职工基本养老保险基金的中长期精算平衡。

第四,根据实证分析结果,结合国际经验(如美国、日本、德国等发达国家的经验)、我国国情和湖北省的具体情况,提出进一步提高湖北省城镇职工基本养老保险基金可持续性的配套政策建议,以期在政府推动实施"减税降费"政策的同时,保证城镇职工基本养老保险基金的可持续性,保障广大人民的社会福利水平不受影响。

二、意义

(一)理论意义

本书以"减税降费"这一视角对湖北省城镇职工基本养老保险基金可持续性进行系统的分析,既考虑湖北省城镇职工基本养老保险基金可持续性的建设目标,又考虑人口老龄化和"减税降费"政策对湖北省城镇职工基本养老保险基金的影响。另外,本书提出了一套完整的评估基本养老保险基金可持续性的分析框架、分析体系和分析模型(主要包括人口预测模型和基本养老保险基金精算模型等),为完善湖北省乃至全国的基本养老保险体系提供了指导方向,为达到"减税降费"和基本养老保险基金可持续性的目标提供相应的研究方法。

(二)实践意义

城镇职工基本养老保险基金是否具备可持续性关系到广大城镇职工的养老和生活待遇问题。城镇职工基本养老保险基金的可持续性研究对于进一步完善我国(含湖北省)社会保险体系乃至整个社会保障体系都有着积极的推动作用,可以促进我国整个社会福利体系的优化。

本书的实践意义在于运用精算模型,评估在"减税降费"背景下,未来湖北省城镇职工基本养老保险基金的财务运行状况,并判断城镇职工基本养老保险基金在未来是否具备可持续性,为政府在完善"减税降费"政策、基本养老保险改革政策乃至社会保障政策方面提供一个指导方向。

本书还应用人口预测模型和精算模型模拟征收体制改革、延迟退休年龄和提升

"全面二孩"生育意愿对湖北省城镇职工基本养老保险基金财务运行状况和可持续性的影响程度,从实证分析角度评估征收体制改革、延迟退休年龄和提升"全面二孩"生育意愿的效应,即征收体制改革、延迟退休年龄和提升"全面二孩"生育意愿能否提高湖北省城镇职工基本养老保险基金的可持续性。根据实证结果,提出进一步提高湖北省城镇职工基本养老保险基金可持续性的配套政策建议,以期在政府推动实施"减税降费"政策的前提下,促进湖北省乃至全国城镇职工基本养老保险基金的可持续发展,保证广大人民的基本养老金能得到足额发放。

第三节　思路、内容与方法

一、研究思路

本书的基本思路如下:

(1)在理论层面分析人口老龄化和"减税降费"政策(降低养老保险缴费率)如何影响城镇职工基本养老保险基金的可持续性;

(2)运用人口预测模型分析未来湖北省人口数量和人口老龄化程度的变化趋势;

(3)以前两部分的研究结论为基础,建立城镇职工基本养老保险基金精算模型,评估在没有其他政策干预(未实施征收体制改革、未延迟退休年龄、未提升"全面二孩"生育意愿等)的情况下,降低养老保险缴费率对湖北省城镇职工基本养老保险基金财务运行状况和可持续性的影响;

(4)运用精算模型,评估在"减税降费"背景下,征收体制改革、延迟退休年龄和提升"全面二孩"生育意愿对湖北省城镇职工基本养老保险基金可持续性的影响;

(5)根据国际经验,并结合我国国情和湖北省实际情况,给出进一步提高湖北省城镇职工基本养老保险基金可持续性的对策建议,以期在稳步推进"减税降费"政策的前提下,促进湖北省乃至全国城镇职工基本养老保险基金的可持续发展。

二、研究内容

本书的研究对象为湖北省城镇职工基本养老保险基金,具体研究内容如下:

(一)基本养老保险基金可持续性的理论分析

运用规范分析和理论模型,针对人口老龄化和"减税降费"政策对基本养老保险基金可持续性的影响展开理论分析,阐明具体影响机制。首先,人口老龄化会影响基本养老保险参保人口的结构[①],还会影响基本养老保险基金的收入、支出以及基本养老保险基金的可持续性;其次,"减税降费"政策(降低养老保险缴费率)将使得基本养老保险基金收入减少,从而进一步影响基本养老保险基金的可持续性。本书按照上述思路展开理论和实证分析。

(二)湖北省人口老龄化程度的变化趋势

分析湖北省人口老龄化程度的变化趋势是评估湖北省城镇职工基本养老保险基金可持续性影响的基础,需深入研究:

(1)采用生命表(Life Table)预测未来人口死亡率;

(2)以 2010 年分年龄、性别、城乡的人口数[②]为基础,运用队列要素方法(即成分法,Cohort Component Method)得到下一年分年龄、性别、城乡的人口数;

(3)用育龄妇女人数乘以对应的年龄别生育率得到每年新生儿数量;

(4)考虑农村人口向城镇迁移,即可以得到每年分年龄、性别、城乡的人口数。

(三)"减税降费"政策对湖北省城镇职工基本养老保险基金可持续性的影响

运用上述人口预测结果测算未来湖北省城镇职工基本养老保险制度的参保人数。按照城镇职工基本养老保险基金运行原理,构建预测湖北省城镇职工基本养老保险基金财务运行状况的精算模型,从基金平衡视角评估在没有其他政策干预的情况(即未实施社会保险费征收体制改革、未延迟退休年龄、未提升"全面二孩"生育意愿)下,"减税降费"政策(降低养老保险缴费率)对湖北省城镇职工基本养老保险基金的财务运行状况和可持续性的影响,即在"减税降费"背景下,湖北省城镇职工基本养老保险基金能否实现中长期精算平衡。

(四)"减税降费"背景下政策调整方案对湖北省城镇职工基本养老保险基金可持续性的影响

按照城镇职工基本养老保险基金运行原理,本书运用城镇职工基本养老保险基金精算模型来评估各项政策调整方案(社会保险费征收体制改革、延迟退休年龄、提升"全面二孩"生育意愿)对湖北省城镇职工基本养老保险基金可持续性的影响,以期评估在"减税降费"背景下,各项政策调整方案能否提高湖北省城镇职工基本养老保险基金的可持续性。

(五)配套政策建议

运用文献研究和对比分析,结合发达国家经验、实证研究结果、我国实际国情和湖北省实际情况,给出提高湖北省城镇职工基本养老保险基金可持续性的配套政策

---

① 基本养老保险的参保在职职工人数(缴费人数)相对减少,参保退休职工人数(待遇领取人数)相对增加,从而使基金收入相对减少,基金支出相对增加,进而加大基本养老保险基金的支付压力。

② 2010 年第六次全国人口普查数据。

建议,以期在政府稳步推进实施"减税降费"政策的前提下,提高湖北省乃至全国城镇职工基本养老保险基金的可持续运行能力。

三、研究方法

本书以财政学、社会保障学、精算学等相关理论为基础,综合人口统计(主要为"四二一"家庭微观仿真模型、Lee-Carter 模型和队列要素法,用于预测未来妇女总和生育率、年龄别生育率和人口总数等)、精算模型(主要为城镇职工基本养老保险基金精算模型,从基金平衡视角评估"减税降费"背景下湖北省城镇职工基本养老保险基金可持续性,以及各项政策调整方案对湖北省城镇职工基本养老保险基金可持续性的影响)、定性分析(主要为文献研究和对比分析等,用于分析人口老龄化和"减税降费"政策对湖北省城镇职工基本养老保险基金可持续性的影响机制,并提出相关对策建议)等方法[①],来系统评估在"减税降费"和人口老龄化程度加深的背景下,湖北省城镇职工基本养老保险基金的可持续性。

第四节 创新与不足

一、创新之处

本书的创新之处体现在以下几方面:

(1) 在研究方法上,系统运用精算模型对湖北省城镇职工基本养老保险基金可持续性进行评估。这可以从基金平衡视角来评估湖北省城镇职工基本养老保险基金的可持续性,还可以应用于各地城镇职工基本养老保险基金的核算、审计和基本养老保险政策的改革。

(2) 在研究对象上,对湖北省现有的城镇职工基本养老保险进行全面分析,这可以全面考察湖北省城镇职工基本养老保险体系的可持续性,以期为城镇职工基本养老保险体系的改革、社会保险体系的改革乃至整个社会保障体系的改革提供定量参考依据。

(3) 在具体的参数设置和估计上,采用了不同于已有文献的做法,通过测算实际的参保人口数量、缴费基数、人均养老金增长率等替代政策规定,从而使本书的结论更加准确、稳健和具有可信度,在一定程度上避免了高估或低估精算分析结果。

(4) 在政策效应评估上,并不仅仅定性探讨各种政策所带来的效应,而是运用精算模型对各项政策调整方案进行效应评估,考察各种政策调整方案对湖北省城镇职工基本养老保险基金可持续性的影响(包括该政策调整方案使得湖北省城镇职工基

---

① 以上所有的研究方法均会在第三章及后续章节予以详细的介绍和说明。

本养老保险基金开始出现当期赤字和累计赤字时点分别推迟多少年,累计赤字减少多少百分比等)。

二、不足之处

由于各种主观和客观因素,本书的讨论存在一些不足,集中反映如下:

(1)政策模拟方面。本书只分析了社会保险费征收体制改革、延迟退休年龄和提升"全面二孩"生育意愿对湖北省城镇职工基本养老保险基金可持续性的影响,而未将其他有可能影响湖北省城镇职工基本养老保险基金可持续性的政策(如社保基金入市政策)纳入考量。因此,还需在下一步研究中分析社保基金入市政策[①]以及可能的改革方案对湖北省城镇职工基本养老保险基金可持续性的影响。

(2)数据使用方面。本书使用的数据多为宏观数据,且大多来源于公开的统计年鉴或统计公报,如果要进行更加准确的预测,应获得各参保人口的详细微观数据(如性别、年龄、受教育程度、缴费基数等),但现在公开的微观数据库均不足以支持本研究,使得本书的研究还不够深入。

(3)对策建议方面。虽然提出了进一步提高湖北省城镇职工基本养老保险基金可持续性方面的对策建议,但还未给出非常具体的参数建议,如应该给予生育二孩的夫妇多少生育津贴、减免生育二孩的夫妇多少个人所得税,以及如何制定延迟退休年龄的方案。

---

① 现阶段,基本养老保险基金还未投资于资本市场。

第二章 文献回顾与评述

第一节 文献回顾

关于基本养老保险基金可持续性方面的研究,现有研究主要关注人口老龄化对基本养老保险基金可持续性的影响,以及各种可能的政策调整方案(包括延迟退休年龄、引入外来年轻人口、调整生育政策、降低社会保险待遇等)对基本养老保险基金可持续性的影响。

一、人口老龄化对基本养老保险基金可持续性的影响

国外相关研究主要集中在人口老龄化对养老金支出以及财政压力的影响。Lee和 Edwards(2002 年)[①]以美国为例,预测了在人口老龄化不断加深的背景下,养老金支出占 GDP 的比重将从 1999 年的 8% 上升至 2075 年的 21%,政府将面临巨大的财政压力。Bongaarts(2004 年)[②]研究了人口老龄化对 OECD 国家社会养老保险基金的影响,其结果表明大部分 OECD 国家的社会养老保险基金是不可持续的,因为这些国家的社会养老保险是现收现付式的筹资模式,为了提高社会养老保险基金的可持续运行能力,降低个人养老金替代率、转向完全积累制的筹资模式、延长退休年龄、引入移民政策等均可以提高养老保险的支付能力。Blake 和 Mayhew(2006 年)[③]研究了人口老龄化程度的不断加深对英国社会养老保险基金的影响,其研究结果显示英国的养老保险基金不具备财务可持续性,政府必须通过延长退休年龄、提高生育水平、发展经济水平等方案才能提高养老保险体系的可持续运行能力。Verbič等(2006年)[④]以斯洛文尼亚为例,运用世代交叠模型(Over-Lapping Generation Models)发现

---

① LEE R, EDWARDS R. The fiscal effects of population aging in the US: Assessing the uncertainties[J].Tax Policy and the Economy,2002,16:141-180.

② BONGAARTS J. Population aging and the rising cost of public pensions[J]. Population and Development Review,2004,30(1):1-23.

③ BLAKE D,MAYHEW L.On the sustainability of the UK state pension system in the light of population ageing and declining fertility[J].The Economic Journal,2006,116(512):286-305.

④ VERBIČ M,MAJCEN B,VAN NIEUWKOOP R.Sustainability of the slovenian pension system: An analysis with an overlapping-generations general equilibrium model[J].Eastern European Economics,2006,44(4):60-81.

随着老龄化程度加深，基本养老保险基金的当期收支缺口越来越大。Grech（2013年）[①]对欧洲国家的基本养老保险进行考察，发现基本养老保险基金支出的增加将会给财政带来巨大的支出压力。Corbo（2004年）[②]、Sin（2005年）[③]、Whiteford和Whitehouse（2006年）[④]等也得出了类似的结论。

现阶段，国内相关研究主要集中在人口老龄化对我国社会养老保险基金财务运行状况的影响，特别是对城镇职工基本养老保险基金可持续性的影响。王晓军（2002年）[⑤]在国内较早定量地研究城镇职工基本养老保险基金支付缺口，其运用精算估计方法得到基金在2021年开始出现入不敷出（当期赤字）的情况，此时必须动用过去积累的资金来弥补当期支付缺口，截至2032年，过去积累的基金被全部用尽，基金开始出现累计赤字。谭湘渝和樊国昌（2004年）[⑥]同样建立了精算模型，对我国城镇职工基本养老保险基金未来的支付能力进行测算，并提出了相应的政策建议。程永宏（2005年）[⑦]建立了理论模型，给出了判断人口老龄化导致现收现付式养老保险基金是否发生支付危机的定量判决条件。于洪和钟和卿（2009年）[⑧]运用精算模型研究发现，在经济增速放缓的情况下，城镇职工基本养老保险基金在2038年开始出现入不敷出的情况，此后收支逆差逐年加大，2042年以后自身筹资体系将难以维持。艾慧等（2012年）[⑨]对城镇职工养老保险统筹基金[⑩]进行了单独和系统的考察，发现年度支付危机在2018—2036年发生，2023—2050年内源性基金积累不足。王翠琴等（2017年）[⑪]发现如果没有任何政策干预，城镇职工基本养老保险基金分别于2037年和

①　GRECH A G. Assessing the sustainability of pension reforms in Europe[J]. Journal of International and Comparative Social Policy，2013，29(2)：143-162.

②　CORBO V.Policy Challenges of Population Aging and Pension Systems in Latin America[R]. Global Demographic Change：Economic Impacts and Policy Challenges，2004.

③　SIN Y.Pension Liabilities and Reform Options for Old Age Insurance[R].World Bank Working Paper，2005.

④　WHITEFORD P，WHITEHOUSE E. Pension challenges and pension reforms in OECD countries[J].Oxford Review of Economic Policy，2006，22(1)：78-94.

⑤　王晓军.对我国养老保险制度财务可持续性的分析[J].市场与人口分析，2002(2)：26-30.

⑥　谭湘渝，樊国昌.中国养老保险制度未来偿付能力的精算预测与评价[J].人口与经济，2004(1)：55-58.

⑦　程永宏.现收现付制与人口老龄化关系定量分析[J].经济研究，2005(3)：57-68.

⑧　于洪，钟和卿.中国基本养老保险制度可持续运行能力分析——来自三种模拟条件的测算[J].财经研究，2009(9)：26-35.

⑨　艾慧，张阳，杨长昱，等.中国养老保险统筹账户的财务可持续性研究——基于开放系统的测算[J].财经研究，2012(2)：91-101.

⑩　城镇职工基本养老保险基金分为统筹基金和个人账户，其中统筹基金为现收现付式，个人账户为完全积累式。

⑪　王翠琴，田勇，薛惠元.城镇职工基本养老保险基金收支平衡测算：2016～2060——基于生育政策调整和延迟退休的双重考察[J].经济体制改革，2017(4)：27-34.

2052 年开始出现当期赤字和累计赤字。张心洁等(2018 年)[1]以城镇职工基本养老保险为例,发现在人口老龄化程度不断加深的背景下,养老保险基金不具备可持续运行的能力,且财政对养老保险基金的补贴将不断增加。

以上研究均是关于城镇职工基本养老保险基金可持续性的分析,关于城乡居民基本养老保险基金可持续性的研究并不多。徐镒菲和张明喜(2012 年)[2]以新型农村社会养老保险为例,发现随着人口老龄化程度的加深,新型农村社会养老保险基金将出现较大的收支缺口,未来政府的财政压力较大。钱振伟、卜一和张艳(2012 年)[3]运用精算模型模拟新型农村社会养老保险的财务运行状况,发现未来 30 年左右基金将会收不抵支。封铁英和高鑫(2015 年)[4]以西安为例,发现新型农村社会养老保险基金分别在 2023 年和 2027 年开始出现当期赤字和累计赤字。曾益、凌云和张心洁(2016 年)[5]运用精算模型分析城乡居民基本养老保险基金财务运行状况的影响,并根据相关数据得出城乡居民基本养老保险基金将于 2044 年出现累计赤字,2090 年累计赤字高达 100.24 亿元。可见,无论是以城镇职工基本养老保险为例还是以城乡居民基本养老保险为例,国内学者均认为随着人口老龄化程度的加深,社会养老保险基金的支付压力会不断上升。

二、引入外来年轻人口对基本养老保险基金可持续性的影响

放松移民管制、引入外来年轻人口是发达国家(如美国)应对人口老龄化的一个成本低、见效快的方法。Karin(2004 年)[6]应用代际核算法(Generational Accounting Method),从跨期角度分析 1998 年奥地利移民对国内财政的影响。该测算显示,移民对迁入地具有扩大人口规模(可扩大税基)、改变年龄和性别结构的人口效应、优化年龄组的财政特征,因此,移民的确是一种减轻老龄化所带来的财政负担的有效手段。Razin 和 Sadka(1999 年)[7]研究引入外来年轻人口对社会养老保险基金的影响,发现

①　张心洁,曾益,石晨曦,等.可持续视角下城镇职工基本养老保险的财政兜底责任评估——对"全面二孩"和延迟退休政策效应的再考察[J].财政研究,2018(12):97-113.

②　徐镒菲,张明喜.农村养老保险基金缺口预测及实证分析——基于甘肃省的调查研究[J].财经论丛,2012(4):68-74.

③　钱振伟,卜一,张艳.新型农村社会养老保险可持续发展的仿真评估:基于人口老龄化视角[J].经济学家,2012(8):58-65.

④　封铁英,高鑫.基于精算模型参数调整的农村养老金可持续性仿真研究[J].中国管理科学,2015(9):153-161.

⑤　曾益,凌云,张心洁.从"单独二孩"走向"全面二孩":城乡居民基本养老保险基金可持续性能提高吗?[J].财政研究,2016(11):65-79.

⑥　KARIN M.The fiscal impact of immigrants in Austria—A generational accounting analysis[J].Economics Working Papers,2004,32(2):181-216.

⑦　RAZIN A,SADKA E.Migration and pension with international capital mobility[J].Journal of Public Economics,1999,74(1):141-150.

该政策可以提高社会养老保险基金的支付能力,减少养老保险基金的当期支付缺口。Bongaarts(2004 年)[①]发现人口老龄化是养老金财务平衡恶化的主要原因,通过模型预测,年平均净移民率每增加 1‰,2050 年养老金支出水平下降 5%,因此,可通过鼓励移民人口策略来缓解部分老龄化带来的影响。Gal(2008 年)[②]也得出类似的结论。

同样,王增文(2014 年)[③]通过对我国和 16 个欧洲国家相关人口数据的迁移生存函数进行经验分析,重点阐述了开放人口系统内的净迁移对出生率的影响,分析结果表明:在迁入人口的作用下,迁入地人口出生率可得到很大程度的提高,人口年龄结构也更趋于年轻化,对缓解迁入地老龄化程度效果显著。陈沁和宋铮(2013 年)[④]以城乡迁移人口为分析的关键变量,考察城市化(农村人口向城镇迁移)对老龄化和城镇职工基本养老保险基金的影响,指出城镇人口赡养率在纳入迁移人口之后,增速显著下降,人口迁移对中国城镇职工基本养老保险基金的可持续运行具有重要意义。

结合我国的基本国情,人口迁移(引入外来年轻人口)可缓解城镇职工基本养老保险基金的支付压力,但这对缓解农村社会养老保险基金的支付压力是无益的(曾益、凌云和张心洁,2016 年[⑤])。

三、调整费率与待遇对基本养老保险基金可持续性的影响

理论上,政府可以通过提高社会养老保险缴费率的做法来应对高额的养老金支出成本,但由于目前许多国家缴费率水平已经很高,这种做法在许多国家都难以为继,因此,考虑削减基金支出是优先方案,而降低养老金替代率是未来改革基金养老保险制度不可避免的路径(James,2002 年[⑥];Bongaarts,2004 年[⑦])。

结合我国国情,提高缴费率无疑会加重企业和参保人的负担,在实行过程中会遭

① BONGAARTS J. Population aging and the rising cost of public pensions[J]. Population and Development Review,2004,30(1):1-23.

② GAL Z. Immigration in the United States and the European Union: Helping to solve the economic consequences of ageing? [J].Sociologia,2008,40(1):35-61.

③ 王增文.人口迁移、生育率及人口稳定状态的老龄化问题研究[J].中国人口·资源与环境,2014,24(10):114-120.

④ 陈沁,宋铮.城市化将如何应对老龄化? ——从中国城乡人口流动到养老基金平衡的视角[J].金融研究,2013(6):1-15.

⑤ 曾益,凌云,张心洁.从"单独二孩"走向"全面二孩":城乡居民基本养老保险基金可持续性能提高吗? [J].财政研究,2016(11):65-79.

⑥ JAMES E. How can China solve its old-Age security problem? The interaction between pension,state enterprise and financial market reform[J].Journal of Pensions Economics & Finance,2002,1(1):53-75.

⑦ BONGAARTS J. Population aging and the rising cost of public pensions[J]. Population and Development Review,2004,30(1):1-23.

到反对,也不受政府青睐。国内部分学者(刘昌平和殷宝明,2011 年[①];殷俊和黄蓉,2012 年[②];景鹏和胡秋明,2017 年[③])转而从相反的角度考量,认为我国城镇职工基本养老保险制度具有较高的政策(法定)缴费率,应降低社会保险政策缴费率,具体原因如下:

第一,逃缴漏缴社会保险费研究。Bailey 和 Turner(2001 年)[④]、Nyland、Smyth 和 Zhu(2006 年)[⑤]、Kumler、Verhoogen 和 FríAs(2013 年)[⑥]指出各国均存在社会保险逃费漏费现象。封进(2013 年)发现政策缴费率与实际缴费率[⑦]之间呈"倒 U"形关系[⑧],当政策缴费率降低 5% 时,实际缴费率可上升 0.48%～1.35%[⑨];赵静、毛捷和张磊(2016 年)[⑩]、金刚和范洪敏(2018 年)[⑪]、杨翠迎、汪润泉和陈煜(2018 年)[⑫]也得出了类似结论。据此,降低社会保险政策缴费率可提高实际缴费率。

第二,社会保险缴费对劳动力市场的影响。封进(2014 年)[⑬]、马双等(2014 年)发现企业会将其社会保险缴费转嫁给员工。马双、孟宪芮和甘犁(2014 年)[⑭]发现当社

① 刘昌平,殷宝明.中国基本养老保险制度财务平衡与可持续性研究——基于国发〔2005〕38 号文件形成的城镇基本养老保险制度[J].财经理论与实践,2011,32(1):19-24.

② 殷俊,黄蓉.人口老龄化、退休年龄与基础养老金长期偿付能力研究[J].理论与改革,2012(4):73-76.

③ 景鹏,胡秋明.企业职工基本养老保险统筹账户缴费率潜在下调空间研究[J].中国人口科学,2017(1):21-33.

④ BAILEY C,TURNER J.Strategies to reduce contribution evasion in social security financing[J].World Development,2001,29(2):385-393.

⑤ NYLAND C,SMYTH R,ZHU C J.What determines the extent to which employers will comply with their social security obligations? Evidence from Chinese firm-level data[J].Social Policy & Administration,2006,40(2):196-214.

⑥ KUMLER T,VERHOOGEN E,FRíAS J A.Enlisting employees in improving payroll-tax compliance:Evidence from Mexico[R].NBER working paper,2013.

⑦ 实际缴费率=实际缴费额/法定缴费基数=实际征缴收入/(实际参保人数×法定缴费基数)。

⑧ 即随着政策缴费率的增加,实际缴费率呈现先上升再下降的趋势。

⑨ 封进.中国城镇职工社会保险制度的参与激励[J].经济研究,2013(7):29-41.

⑩ 赵静,毛捷,张磊.社会保险缴费率、参保概率与缴费水平——对职工和企业逃避费行为的经验研究[J].经济学,2016,15(1):341-372.

⑪ 金刚,范洪敏.社会保险政策缴费率调整对企业实际缴费率的影响——基于深圳市 2006 年养老保险政策缴费率调整的双重差分估计[J].社会保障研究,2018(4):56-68.

⑫ 杨翠迎,汪润泉,陈煜.缴费率水平、缴费率结构:社会保险缴费的国际比较[J].经济体制改革,2018(2):152-158.

⑬ 封进.社会保险对工资的影响——基于人力资本差异的视角[J].金融研究,2014(7):109-123.

⑭ 马双,孟宪芮,甘犁.养老保险企业缴费对员工工资、就业的影响分析[J].经济学,2014,13(3):969-1000.

会保险政策缴费率增加 1％，将导致企业雇佣人数减少 0.8％；Kugler 等（2009 年）[①]、穆怀中和张楠（2018 年）[②]、葛结根（2018 年）[③]也得出类似结论。由此可见，高额社会保险缴费会降低员工薪酬、挤出就业，降低社会保险缴费反而可提高员工实际工资水平和就业率。

第三，社会保险缴费对企业生产效率和创新的影响。赵健宇和陆正飞（2018年）[④]发现社会保险缴费占企业用人成本的比重越高，全要素生产率（即企业生产效率）越低。同时，随着社会保险政策缴费率增加，企业创新同样呈现下降趋势，Krishnan、Nandy 和 Puri（2013 年）[⑤]也得出了相似的结论。可见，社会保险缴费率与全要素生产率和创新之间呈负相关，降低社会保险缴费可提高企业的生产效率和创新能力。

如上所述，较多学者分析了降低社会保险缴费率的必要性，因而在保证基金可持续运行的前提下，有学者研究社会保险（主要是城镇职工基本养老保险）缴费率的可行下调空间。Whiteford 和 Whitehouse（2006 年）[⑥]认为降低养老保险缴费率的前提是夯实缴费基数，即提高征缴率。林宝（2010 年）[⑦]认为在满足较快经济增长速度、提高参保率以及实施延迟退休政策的条件下，即使城镇职工基本养老保险统筹基金缴费率下调至 16.47％（即缴费率降低 3.53％），2050 年及以前统筹基金仍能实现精算平衡。于洪和曾益（2015 年）[⑧]认为城镇职工基本养老保险缴费率具备降至 22％的可能性。景鹏和胡秋明（2017 年）[⑨]发现如果改善制度相关参数并强化财政补贴，在保证城镇职工基本养老保险统筹基金可持续的前提下，缴费率可下调 3.86％～5.36％。金刚和范洪敏（2018 年）[⑩]发现如果相关制度参数能回归理论值，城镇职工基本养老

---

①　KUGLER A，KUGLER M. Labor market effects of payroll taxes in developing countries：Evidence from Colombia[J].Economic Development & Cultural Change，2009，57（2）：335-358.

②　穆怀中，张楠.城镇养老保险缴费对就业影响的门槛效应研究[J].经济体制改革，2018（4）：20-25.

③　葛结根.社会保险缴费对工资和就业的转嫁效应——基于行业特征和经济周期的考察[J].财政研究，2018（8）：95-106.

④　赵健宇，陆正飞.养老保险缴费比例会影响企业生产效率吗？[J].经济研究，2018，53（10）：99-114.

⑤　KRISHNAN K，NANDY D K，PURI M. Does financing spur small business productivity? Evidence from a natural experiment[J].SSRN Electronic Journal，2013，28（6）：1768-1809.

⑥　WHITEFORD P，WHITEHOUSE E. Pension challenges and pension reforms in OECD countries[J].Oxford Review of Economic Policy，2006，22（1）：78-94.

⑦　林宝.人口老龄化对企业职工基本养老保险制度的影响[J].中国人口科学，2010（1）：84-92.

⑧　于洪，曾益.退休年龄、生育政策与中国基本养老保险基金的可持续性[J].财经研究，2015，41（6）：46-57.

⑨　景鹏，胡秋明.企业职工基本养老保险统筹账户缴费率潜在下调空间研究[J].中国人口科学，2017（1）：23-35.

⑩　金刚，范洪敏.社会保险政策缴费率调整对企业实际缴费率的影响——基于深圳市 2006 年养老保险政策缴费率调整的双重差分估计[J].社会保障研究，2018（4）：56-68.

保险缴费率可下调 2.10%～2.22%。郑秉文(2018年)[1]经过估算,得出社会保险费征缴体制改革可使城镇职工基本养老保险缴费率降低9%,这并不会影响城镇职工基本养老基金的可持续性。综上所述,如果实施相关改善基金财务运行状况的政策,社会保险(特别是城镇职工基本养老保险)缴费率就具备下调空间,即降低社会保险缴费率政策可在较长时间内得以实施。

再看看降低养老金待遇水平这项方案,由于我国社会养老保险的实际替代率(＝退休后第一年领取的养老金/退休前一年的工资)较低(封进和何立新,2012年[2]),而且养老金的待遇水平同样具有刚性特征,即提高容易降低难,因此降低养老金待遇水平不会受到参保人员的欢迎。

四、征收体制改革对基本养老保险基金可持续性的影响

关于社会保险费征收体制改革对养老保险基金影响的研究,现有文献主要从以下两方面进行探讨:

第一,征收体制改革对养老保险征缴率[3]和参保率的影响。郑春荣和王聪(2014年)[4]、OECD(2017年)[5]、汪德华(2018年)[6]认为将社会保险费(含养老保险费)与税收并征的效果较好。刘军强(2011年)[7]基于省级面板数据,运用固定效应模型发现税务部门征收养老保险费有利于提高参保率和基金收入;李波和苗丹(2017年)[8]、王延中和宁亚芳(2018年)[9]也得出过相似结论。但有部分研究结论相反,张雷(2010年)[10]、鲁全(2011年)[11]认为向税务部门代征的政策转变未必能改善征收效果;彭雪

---

① 郑秉文.养老保险降低缴费率与扩大个人账户——征缴体制改革的"额外收获"[J].行政管理改革,2018(11):13-22.

② 封进,何立新.中国养老保险制度改革的政策选择——老龄化、城市化、全球化的视角[J].社会保障研究,2012(3):29-41.

③ 征缴率＝实际征缴收入/应征缴收入＝实际征缴收入/(参保在职职工人数×法定缴费基数×政策缴费率)。

④ 郑春荣,王聪.我国社会保险费的征管机构选择——基于地税部门行政成本的视角[J].财经研究,2014,40(7):17-26.

⑤ OECD.Tax administration 2017:Comparative information on OECD and other advanced and emerging economies[M].Paris:OECD Publishing,2017.

⑥ 汪德华.税务部门统一征收社会保险费:改革必要性与推进建议[J].学习与探索,2018(7):103-110.

⑦ 刘军强.资源、激励与部门利益:中国社会保险征缴体制的纵贯研究(1999—2008)[J].中国社会科学,2011(3):139-156.

⑧ 李波,苗丹.我国社会保险费征管机构选择——基于省级参保率和征缴率数据[J].税务研究,2017(12):20-25.

⑨ 王延中,宁亚芳.我国社会保险征费模式的效果评价与改革趋势[J].辽宁大学学报:哲学社会科学版,2018,46(3):1-17.

⑩ 张雷.社会保险费征收体制的效率比较分析[J].社会保障研究,2010(1):24-28.

⑪ 鲁全.中国养老保险费征收体制研究[J].山东社会科学,2011(7):110-115.

梅、刘阳和林辉(2015年)[1]运用固定效应模型发现社保经办机构的征缴率高于税务部门。

第二,征收体制改革对养老保险缴费率下调空间的影响。郑秉文(2018年)[2]经过估算,得出社会保险费征收体制改革可使城镇职工基本养老保险缴费率降低9%,并不会影响城镇职工基本养老基金的可持续性;郭瑜和张寅凯(2019)[3]认为夯实缴费基数为降低政策缴费率创造了条件,有助于减轻企业的社保缴费负担。

虽然学界对社会保险费征收体制改革的政策效果未达成共识,但是大部分学者认为征收体制改革可以提升养老保险的征缴率和参保率,从而增加养老保险基金收入,或者为养老保险缴费率的下调创造契机。

第二节　文献评述

国内外学者研究了在人口老龄化程度不断加深的背景下,针对基本养老保险基金的财务运行状况,提出了一些干预政策,随后评估各项干预策略(含"减税降费"政策)对基本养老保险基金可持续性的影响。然而,现有的研究还存在以下几个问题,需要进一步改进:

(1) 在基本养老保险基金方面,较多学者仅对城镇职工基本养老保险或城乡居民基本养老保险的统筹基金部分进行分析,并未对个人账户进行深入的分析。我国(含湖北省)基本养老保险个人账户为"空账",统筹基金和个人账户实际上是"混账"运营[4],即统筹基金和个人账户实际上为一个账户,如果单独分析统筹基金是不符合实际情况的。因此,本书会克服上述研究的不足,同时考察城镇职工基本养老保险的统筹基金和个人账户,分析在"混账"运营的情况下,湖北省城镇职工基本养老保险基金的财务运行状况会如何变化,以期使得相应的分析更加符合实际情况。

①　彭雪梅,刘阳,林辉.征收机构是否会影响社会保险费的征收效果?——基于社保经办和地方税务征收效果的实证研究[J].管理世界,2015(6):63-71.

②　郑秉文.养老保险降低缴费率与扩大个人账户——征收体制改革的"额外收获"[J].行政管理改革,2018(11):13-22.

③　郭瑜,张寅凯.严征缴能否降低城镇职工养老保险费率?[J].保险研究,2019(2):101-113.

④　《2014年度人力资源和社会保障事业发展统计公报》显示,截至2014年年底,做实个人账户的省份共有13个。而《2008年度人力资源和社会保障事业发展统计公报》显示,截至2008年年底,做实个人账户的省份有13个。可见,做实个人账户进展得十分缓慢,现阶段几乎处于停滞不前的状态。自2015年以后,《人力资源和社会保障事业发展统计公报》不再公布各省做实个人账户的情况。为便于研究,本书假定我国(含湖北省)未做实个人账户。个人账户主要起到记录缴费情况的作用,用于记载职工缴纳养老保险费的详细情况,作为后期发放个人账户养老金以及返还个人账户余额的依据。在实际运行过程中,统筹基金收入和个人账户收入一并归入统一的财政账户,用以支付参保职工的养老金待遇(包含基础养老基金、个人账户养老金等)。

（2）大部分国内外学者采用精算模型来模拟城镇职工基本养老保险基金或城乡居民基本养老保险基金的财务运行状况，但是精算模型的参数设定（如经济增长率、年龄参数、人口参数、基金保值增值率、个人账户记账利率等）较为随意，并未结合实际的运行情况，使得精算估计结果存在偏误。基于此，本书在考虑政策规定的基础上，结合实际运行情况选取参数，使结果更加精确和稳健，从而增强研究的可信度。

（3）大多文献在分析城镇职工基本养老保险基金的财务运行状况时，未剔除城镇职工基本养老保险基金收入的财政补贴部分①，以至于计算得出的基金财务运行状况过于乐观。因此，本书在模拟湖北省城镇职工基本养老保险基金财务运行状况时，会剔除基金收入的财政补贴部分，为政府描绘湖北省城镇职工基本养老保险基金的实际运行状况。

（4）虽然已有较多研究分析各项政策调整方案对城镇职工基本养老保险基金的影响，但是研究延迟退休年龄对城镇职工基本养老保险基金可持续性影响的文献偏多，而研究其他政策（特别是社会保险费征收体制改革）效应的偏少。不仅如此，较多研究仅关注单项政策的效应，而分析多项政策组合（如延迟退休年龄政策与"全面二孩"政策的组合）效应的较少。基于此，本书不仅分析单项政策的效应，还分析多项政策组合的效应，以期综合考察各项政策的效应，便于提高湖北省乃至我国城镇职工基本养老保险基金的可持续性。

---

① 财政补贴资金主要源于税收，即企业所得税、个人所得税、增值税等，城镇职工社会保险基金收入主要来自企业和个人缴费，也就是说，财政补贴资金和社会保险基金收入均源自企业和个人缴纳的税费，即"取之于民、用之于民"。在研究社会保险基金财务运行状况时，理应剔除财政补贴，在没有外部融资的情况下，分析社会保险基金财务运行状况如何变化，即分析社会保险是否可通过自身参数的变动实现基金收支平衡，以期为政府提供社会保险基金的真实财务状况。

第三章 理论基础

本章主要介绍本研究的理论基础,包括可持续发展理论、人口转变理论、基金平衡理论、公共产品理论、社会保险基金风险管理理论和世代交叠模型。

第一节 可持续发展理论

可持续性即可持续发展,基本养老保险基金可持续性是指基本养老保险基金的可持续发展。

1980 年,联合国大会首次提出"可持续发展"的概念。1987 年,世界环境与发展委员会(WCED)在题为《我们共同的未来》的报告中,第一次比较系统地阐述了"可持续发展"的概念。1992 年,联合国环境与发展大会(UNCDE)通过了《21 世纪议程》,这标志着"可持续发展"成为人类共同追求的目标和行动计划。根据 WCED 的定义,可持续发展指的是"既满足当代人的需求,又不损害子孙后代满足其需求能力的发展",其定义体现了以下几个原则:

(1)公平性原则。即在资源利用、机会选择上力求代内横向公平与代际纵向公平。

(2)共同性原则。可持续发展是全人类的共同事业,亦是全人类的共同责任,这需要各个国家与地区的联合行动。

(3)永续性原则。

根据资源与环境的承载力适时调整和控制经济与社会发展的"节奏",这是实现可持续发展的重要保证。资源使用与保护并举,讲求质与量的经济增长与发展方式,保护环境支撑力不受破坏,方有人类存续的时空。可持续发展的核心是发展,这要求实现生态效益、经济效益与社会效益的动态有机结合与协调。其中,人口是可持续发展的基础条件和主体;以人为本、实现人的全面发展是可持续发展的应有之义,也是目前我国科学发展观的核心。

人口问题从来不是简单的人口数量的增减问题,它常与一个国家经济社会发展水平、文化传统以及政策走向紧密相关。20 世纪 70 年代,我国开始实施并全面推开独生子女政策,生育水平呈现下降趋势。随着时间推移,由于人口惯性的作用,加之人们的生育观念与选择更为理性,进入 21 世纪后,我国人口出现重大转折性变化。长期以来,我国的生育率水平在 2.1 以下,在低生育水平上徘徊,小幅度的生育政策调整难以扭转当前人口态势(魏益华和迟明,2015 年[①])。我国已出现"高龄少子"、出生性别比失衡以及劳动人口缩减等人口问题。"牵一发而动全身",人口问题必将引发其他一系列的经济、社会与政治问题。从基本养老保险基金来看,这不利于基本养老保险基金的良性运转。无论是人口发展本身还是基本养老保险基金,二者的持续性均会因人口问题而遭遇严峻的挑战。因此,从中长期来看,如何缓解基本养老保险基金的支付压力、提高基本养老保险基金的可持续发展能力(基本养老保险基金的可持续性)是我国(含湖北省)面临的重大问题之一。

第二节　人口转变理论

基本养老保险基金出现支付压力的主要原因之一是人口老龄化程度的不断加深,即人口结构的转变导致了基本养老保险基金的支付压力不断上升。

人口转变理论是以人口的发展阶段、演变过程及其生成原因为研究对象,是在收集了西欧许多国家的关于人口出生率和死亡率变化的历史资料的基础上,对这些资料进行实证的、经验性的研究之后提出来的,对人口的发展过程作出阶段性划分和说明的一种理论[②]。该理论产生于 20 世纪 30 年代的西方,在第二次世界大战后得到了快速发展,是当代世界人口学界流行的一种人口理论,已经成为众多国家在制定人口政策、编制人口发展规划、预测人口发展趋势的重要理论依据。

(1) 阿道夫·兰德里的人口转变理论

法国人口学家阿道夫·兰德里(Adolphe Landry)是人口转变理论的创始人,他在 1934 年出版的《人口革命》一书是人口转变理论的奠基性著作。在书中阿道夫·兰德里第一次系统地阐述了人口转变理论,他根据西欧特别是法国以往的人口统计资料,分析了人口出生率和死亡率的变动情况,认为在社会、自然的各种因素中,经济因素特别是生产力,是影响人口发展的主要因素,人口的发展受经济因素的制约。根据人口和食物供应及经济发展的关系,阿道夫·兰德里将一个国家的发展进程分为三个阶段。第一个阶段为古代的或原始的阶段——整个史前时期直至新石器时期,这一阶段属于生育没有限制的时代,生产力发展水平很低,经济因素通过死亡率来影响人口发展,食物供应的数量在人口死亡率的变动过程中扮演了重要的角色,两者表现出了相反方向的变动关系,这一阶段人口增长主要得益于人口死亡率的降低。第二阶段为中间的或中期的阶段——从新石器时期直到 15 世纪,这一阶段属于限制生育达到普及的时代,人口的发展变化已不依赖于食物供应,经济因素通过影响婚姻关系来影响生育率,人们为了维持较高的生活水平开始改变婚姻观念——晚婚或不婚,

---

① 魏益华,迟明.人口新常态下中国人口生育政策调整研究[J].人口学刊,2015,37(2):41-45.
② 吴忠观.人口学(修订本)[M].重庆:重庆大学出版社,2005.

通过婚姻关系的调整,降低生育率并影响人口增长。第三阶段为现代阶段——欧洲自产业革命以来,经济发展加快,科学和文化教育事业蓬勃兴起,人们的生活及生育观发生了很大改变,家庭人口规模缩小,出现了先是人口死亡率的下降促进人口剧增,然后发展到人口死亡率的下降,人口增长速度放缓,人口处于低生育率、低死亡率、低增长率的状态。

（2）布拉加拓展的人口转变理论

英国人口学家布拉加(C. P. Blacker)在 1947 年出版了《人口发展的阶段》一书,在书中他拓展了兰德里提出的人口转变理论。布拉加根据发达国家经济社会发展情况和人口发展资料,从人口出生率和死亡率的高低更迭中将人口的进化过程分为五个阶段。

① 第一阶段是高位静止(High Stationary)阶段,人口出生率和死亡率都保持高水平,人口在高出生率和高死亡率的基础上实现平衡,基本处于没有增长的静止状态,通常这一阶段是以农业为主的国家所有,年出生率和死亡率介于 40‰～50‰。

② 第二阶段是初期增长(Early Expanding)阶段,人口出生率保持高水平或静止不变,人口死亡率开始缓慢下降,死亡率下降的原因是经济发展带来的公共卫生保健服务增加。由于人口出生率保持着第一阶段的高水平,人口开始增加并达到最高的人口增长率。

③ 第三阶段是后期增长(Late Expanding)阶段,伴随经济的进一步增长,人口出生率和死亡率迅速下降,但人口出生率仍然高于死亡率,人口低速增长,这一阶段出生率和死亡率分别为 16‰～20‰ 和 12‰。

④ 第四阶段是低位静止(Low Stationary)阶段,人口出生率和死亡率都已下降到低水平,人口在低出生率和低死亡率的基础上实现平衡,基本上没有人口增长。通常在这一阶段,工业化和城市化都达到了较高的水平,人们收入增加,更加注重对教育的投入,重视子女素质的培养。

⑤ 第五阶段是减退(Diminishing)阶段,人口出生率与人口死亡率交叉,死亡率高于出生率,人口处于绝对减少状态,人口出现负增长。

布拉加认为人口发展的这五个阶段是根据发达国家的人口发展资料划分的,但发展中国家的人口发展还没有经历这五个阶段,仍处于人口转变的过程中。

（3）弗兰克·诺特斯坦的人口转变理论

美国人口学家弗兰克·诺特斯坦(Frank W. Notestein)继承并发挥了兰德里提出的人口转变理论,从宏观层面论证了人口转变的经济根源,认为现代化、工业化和城市化是导致人口转变的根本原因。1944 年,弗兰克·诺特斯坦就预言了第二次世界大战后,不发达地区人口的发展将会出现西欧人口的转变过程,并证明了从欧洲国家的人口转变抽象出来的原理对世界各国都普遍适用,这是生产力由低级向高级演变过程中必然出现的普遍的客观规律。弗兰克·诺特斯坦在研究现代欧洲人口增长

时注意到死亡率对现代化力量的反应比生育率更快、更敏感,据此他将农业社会向工业社会过渡的人口转变过程划分为以下四个阶段:

① 第一阶段,工业化前,主要表现为高出生率、高死亡率,但死亡率上下波动,人口自然增长率很低。

② 第二阶段,工业化早期,主要表现为死亡率开始下降,出生率基本不变,人口自然增长率提高。

③ 第三阶段,进一步工业化时期,主要表现为死亡率继续下降,出生率也开始下降,但出生率的下降速度慢于死亡率,人口自然增长率仍然很高。

④ 第四阶段,完全工业化时期,死亡率和出生率都降到了很低的水平,人口自然增长率很低,甚至为零或负数。

尽管学者们对人口转变的划分阶段及其理论阐释存在分歧,但他们都认为:①人口转变包括死亡率转变和出生率转变两个环节,这种转变总是以死亡率下降为先导,以出生率降至接近甚至低于死亡率水平为完结。②出生率和死亡率在传统社会里高,而在现代社会里低,且现代社会的出生率和死亡率都经历了由高到低的转变过程。③人口发展过程不是一个独立运行的过程,而是与社会经济条件的发展、变化保持着千丝万缕的联系。人口的转变过程是由经济、社会发展所决定的一种必然趋势,根本原因在于其所依存的社会经济背景是生产力的发展,科学技术的进步,工业化和城市化的发展以及人们价值观念的变化促成的人口转变。尽管不同国家或不同地区呈现出巨大差异性,但这种转变是普遍的客观规律,人口终究要达到零增长和负增长的状态。因此,人口老龄化、高龄化是人口转变的普遍规律和必然趋势。

第三节　基金平衡理论

基金收支平衡理论即养老保险基金收支平衡理论。养老保险基金运作模式包括"现收现付"式(Pay-As-You-Go)和"完全积累"式(Fully-Funded System)。"现收现付"式养老保险起源于德国1889年的《老年保险法》。在以德国为典型代表的"现收现付"式养老保险基金运作模式下,政府向企业和个人收取养老保险费,形成养老保险基金收入,用于保障退休老人基本生活(即给付养老保险基金支出),整个环节尽量实现养老保险基金收支平衡,即"以支定收",基金收入大于或等于基金支出,用公式表示如下:

$$I \geqslant E + C \qquad (3-1)$$

式中　I——养老保险基金收入;

　　　E——养老保险基金支出;

　　　C——基金运行过程中的各项管理费用。

当养老保险基金收入大于或等于养老保险基金支出与各项管理费用之和时,养老保险基金账户会有当期结余或刚好实现收支平衡,这意味着养老保险基金可以正常运行,具备可持续性(Sayan 和 Kiraci,2001 年[①])。当养老保险基金收入小于养老保险基金支出与各项管理费用之和时,发生财务(当期)赤字。当养老保险基金出现当期赤字时,并不代表养老保险基金不具备可持续性,此时还需考察养老保险基金是否留存累计结余,如果上年度留存的累计结余可以弥补本年度的当期赤字,则代表养老保险基金还可持续运行,具备可持续性;反之,如果上年度留存的累计结余不足以弥补本年度的当期赤字,则代表养老保险基金不可持续运行,不具备可持续性(Godinez-Olivares、Boado-Penas 和 Pantelous,2016 年[②])。然而,"现收现付"式养老保险易受到人口老龄化问题困扰。

上述原理如图 3-1 所示。

图 3-1 "现收现付"式养老保险基金运作流程

"完全积累"式养老保险基金是指参保人通过在工作期对养老保险个人账户(亦称"养老储蓄账户")进行财富积累,从而应对长寿风险,并在退休后得到资金补偿,其本质是参保人在一生之中的纵向收支平衡,属于个人产权,即"以收定支"(Brunner,1996 年[③])。参保人使用个人账户中的资金应对退休时期的消费支出,不足的部分由自己垫付。因此,"完全积累"式养老保险基金不存在基金是否具备可持续性的问题或基金亏损的问题(Cesaratto,2006 年[④])。然而,由于"完全积累"式养老保险基金无法在参保人之间实现互助共济,因此除我国以外,几乎没有国家借鉴最初由新加坡建立的"完全积累"式养老保险基金运作模式。

为了规避"现收现付"式养老保险基金和"完全积累"式养老保险基金的问题或缺

① SAYAN S,KIRACI A.Parametric pension reform with higher retirement ages:A computational investigation of alternatives for a pay-as-you-go-based pension system[J].Journal of Economic Dynamics and Control,2001,25(6-7):951-966.

② GODINEZ-OLIVARES H, BOADO-PENAS M C, PANTELOUS A A. How to finance pensions:Optimal strategies for pay-as-you-go pension systems[J].Journal of forecasting,2016,35(1):13-33.

③ BRUNNER J K.Transition from a pay-as-you-go to a fully funded pension system:The case of differing individuals and intragenerational fairness[J].Journal of Public Economics,1996,60(1):131-146.

④ CESARATTO S. Transition to fully funded pension schemes:a non-orthodox criticism[J]. Cambridge Journal of Economics,2006,30(1):33-48.

点,我国在 1997 年建立城镇(企业)职工基本养老保险制度之时,采用部分积累式的方式运作养老保险基金,即同时借鉴了德国、新加坡等国家的养老保险基金运作方式(Bairoliya 等,2018 年①)。在该方式下,基金由统筹基金与个人账户组成,称之为"统账结合",统筹基金为现收现付式,个人账户为完全积累式。然而,改革初期,1997 年之前退休人员的养老金由政府转至养老保险基金来承担,形成了较大的转制成本和隐性债务,使得个人账户资金转移至统筹基金时形成了"空账"问题。因此,养老保险个人账户名义上是"完全积累"模式,实质是"现收现付"模式,仍需满足式(3-1)的平衡原则。

王晓军(2002 年)②较早定量地研究了我国城镇职工基本养老保险基金支付缺口,其运用养老保险基金收支平衡理论和精算估计方法得出基金在 2021 年开始出现入不敷出(当期赤字)的情况,此时必须动用过去积累的资金来弥补当期支付缺口,截至 2032 年,过去积累的基金被全部用尽,基金开始出现累计赤字。谭湘渝和樊国昌(2004 年)③也建立了精算模型,对我国城镇职工基本养老保险基金未来的支付能力进行测算,并提出了相应的政策建议。程永宏(2005 年)④建立了理论模型,给出了判断人口老龄化导致"现收现付"式养老保险基金是否发生支付危机的定量判决条件。于洪和钟和卿(2009 年)⑤运用精算模型研究发现,在经济增速放缓的情况下,城镇职工基本养老保险基金在 2038 年开始出现入不敷出的情况,此后收支逆差逐年加大,2042 年及以后自身筹资体系将难以维持。艾慧等(2012 年)⑥对城镇职工养老保险统筹基金进行了单独和系统的考察,发现年度支付危机在 2018—2036 年发生,2023—2050 年内源性基金积累不足。王翠琴、田勇和薛惠元(2017 年)⑦发现,如果没有任何政策干预,城镇职工基本养老保险基金分别于 2037 年和 2052 年开始出现当期赤字和累计赤字。

通过养老保险基金收支平衡理论和相关文献(Vidal-Meliá 和 Del Carmen Boado-

① BAIROLIYA N,CANNING D,MILLE R,et al.The macroeconomic and welfare implications of rural health insurance and pension reforms in China[J].The Journal of the Economics of Ageing,2018,11:71-92.

② 王晓军.对我国养老保险制度财务可持续性的分析[J].市场与人口分析,2002(2):26-30.

③ 谭湘渝,樊国昌.中国养老保险制度未来偿付能力的精算预测与评价[J].人口与经济,2004(1):55-58.

④ 程永宏.现收现付制与人口老龄化关系定量分析[J].经济研究,2005(3):57-68.

⑤ 于洪,钟和卿.中国基本养老保险制度可持续运行能力分析——来自三种模拟条件的测算[J].财经研究,2009(9):26-35.

⑥ 艾慧,张阳,杨长昱,等.中国养老保险统筹账户的财务可持续性研究——基于开放系统的测算[J].财经研究,2012(2):91-101.

⑦ 王翠琴,田勇,薛惠元.城镇职工基本养老保险基金收支平衡测算:2016～2060——基于生育政策调整和延迟退休的双重考察[J].经济体制改革,2017(4):27-34.

Penas，2013 年[①]；Ventura-Marco 和 Vidal-Meliá，2014 年[②]；Godínez-Olivares、Del Carmen Boado-Penas 和 Haberman，2016 年[③]）可得出，影响城镇职工基本养老保险基金收支运行状况的因素可以分为三类：基金收入、基金支出和基金利息（图 3-2）。影响基金收入的因素包括参保在职职工人数、在职职工平均工资（法定缴费基数）、政策缴费率和征缴率。影响基金支出的因素包括参保退休职工人数、养老金水平，其中养老金水平又与基期的养老金水平和未来的养老金增长率相关。基金利息则由基金的累计结余和利率决定。综合考虑以上因素，本书对城镇职工基本养老基金收入、支出、累计结余与财政负担额进行精算建模，模拟并预测其未来的发展变化趋势。

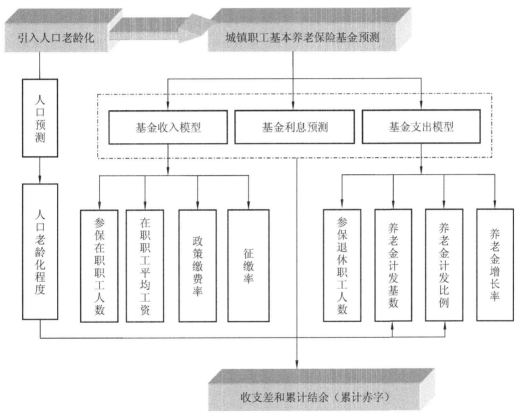

图 3-2　养老保险基金财务运行状况的影响因素

① VIDAL-MELIÁ C，DEL CARMEN BOADO-PENAS M. Compiling the actuarial balance for pay-as-you-go pension systems. Is it better to use the hidden asset or the contribution asset？[J]. Applied Economics，2013，45(10)：1303-1320.

② VENTURA-MARCO M，VIDAL-MELIÁ C. An actuarial balance sheet model for defined benefit pay-as-you-go pension systems with disability and retirement contingencies[J]. ASTIN Bulletin：The Journal of the IAA，2014，44(2)：367-415.

③ GODÍNEZ-OLIVARES H，DEL CARMEN BOADO-PENAS M，HABERMAN S. Optimal strategies for pay-as-you-go pension finance：A sustainability framework[J]. Insurance：Mathematics and Economics，2016，69：117-126.

实现基金平衡是基本养老保险制度得以正常运行的前提。基本养老保险基金的筹资模式可分为现收现付制、完全积累制和部分积累制（现收现付制和完全积累制的组合）。我国基本养老保险实行的是统筹基金和个人账户相结合的账户模式（简称"统账结合"模式，即部分积累制），由于个人账户未做实，实际上是"空账"运行[①]，类似于瑞典的"名义账户"，由此可认为我国基本养老保险基金的筹资模式为现收现付制（Pay-As-You-Go）[②]。因此，现从现收现付制的视角，来探讨基本养老保险基金的平衡条件。

现收现付制实质上是一种"代际赡养"的形式，属于代际间的收入再分配，其无须经历长时间的积累过程，不会遭受通货膨胀的压力，因此世界上的大多数国家都是实行的这种社会保险基金筹资模式，即"以支定收，略有结余"。现收现付制社会保险的保险基金实现收支平衡的核心是社会保险基金的收入大于支出，用公式表示为：

$$I \geqslant P + C \tag{3-2}$$

式中　I——社会保险基金收入；

　　　P——社会保险基金支出；

　　　C——各类管理费用。

当社会保险基金收入大于或等于支出与各类管理费用之和时，社会保险基金账户会有当期结余或刚好实现收支平衡，此时不存在支付危机。当社会保险基金收入小于各类支出时，就会使得社会保险基金面临支付失衡困境（即当期赤字）。

从理论上来讲，随着人口老龄化的加剧，我国社会保险基金的收支缺口日益扩大，社会保险基金的支付压力也与日俱增。继续实行"这一代人养上一代人，下一代人养这一代人"的思路无法让基金保持平衡，社会保险基金的支付面临危机，因此可以考虑改变社会保险基金的筹资模式，以提高社会保险基金的财务可持续性。

第四节　公共产品理论

公共产品理论是公共经济学领域和社会保障学领域的经典理论。萨缪尔森先后于 1954 年、1955 年发表了《公共支出的纯理论》和《公共支出理论图解》，这两部著作的问世被当作是现代经济学对公共产品研究的开始。公共产品是指每个人对产品和劳务的消费不会导致其他人能够消费的劳务或产品减少，且公共产品具有三个明显

---

①　只有缴费记录，没有实际的金额，资金全部并入统筹基金。

②　主要是用当年在职的劳动人口的收入支付当年退休人员的退休金，而正在工作人员的退休金则来源于下一代人的收入。

的特征,即效用的不可分割性①、消费的非竞争性(即非竞争性)②和受益的非排他性(即非排他性)③。公共产品由政府直接提供或者政府委托市场或社会组织来提供(即政府购买服务),同时需要政府承担一定的责任与义务,如出资、管理等。

社会保险(Social Insurance)是政府通过立法强制实施,运用保险方式处置社会成员面临的特定风险,并为社会成员提供基本收入保障的法定保险制度。社会保险主要包括基本养老保险、基本医疗保险、工伤保险、生育保险和失业保险,且具有明显的强制性、法定性和互济性等特征。社会保险本质上有着再分配的作用,其发展在保障人们基本生活水平的条件下有助于保证物质再生产的顺利进行,帮助缩小贫富差距,同时也对社会的和谐稳定起到"安全网"和"减震器"的作用。由于社会保险具有很强的效用的不可分割性、非竞争性和非排他性,目前理论界公认社会保险是一种(准)公共产品,因此一旦社会保险基金出现亏空,政府就需要采取相应的措施来解决社会保险亏空问题。

根据以上分析,本书研究的基本养老保险属于公共产品,具有非排他性和非竞争性,其支付缺口最后由政府承担兜底责任。在市场经济下,如果由市场这只"看不见的手"自由调控,难免会出现"搭便车"的现象,即人们只会享受领取基本养老保险的权利,而不会自觉地去缴费,基本养老保险基金就不具备可持续性,整个基本养老保险体系面临的将是很快破产,这是市场经济条件下无法避免的。解决人们"老有所养"的问题对一个国家的政治稳定与经济发展有着不可估计的正向外部性效应,任何个人或私立组织都无法有效提供,这样的公共产品必须由政府提供与组织。为了实现全体社会成员的最大利益,就必然需要政府这只"看得见的手"去弥补存在的"市场缺陷",提供相关的公共产品或劳务,如基本养老保险,并保证基本养老保险的可持续发展。

现阶段,我国(含湖北省)基本养老保险体系包括城镇职工基本养老保险和城乡居民基本养老保险,其中城镇职工基本养老保险的发展比城乡居民基本养老保险的发展成熟一些。

第五节　社会保险基金风险管理理论

基本养老保险属于社会保险。社会保险作为一种再分配制度,是通过立法强制收缴的社会保险基金,是稳定社会关系、化解社会矛盾的重要调节工具,是构成社会

---

①　即私人产品遵循谁付款、谁受益的规则,可以被分割成许多可以买卖的单位,而公共产品是不可分割的,如国防、外交、治安等。

②　任何人对公共产品的消费不会影响其他人同时享有该公共产品的数量和质量,受益对象之间不存在利益冲突。

③　任何人对公共产品的消费都不会因为其他人的消费而减少。

经济体制的一部分。健全的管理是达成基金安全有效的前提,社会保险基金风险管理是指由社会保险基金的管理机构和其他相关部门与人员共同实施的,作用于社会保险基金资金运动全过程的,通过识别、分析可能会影响社会保险基金安全完整的管理风险或潜在事项以对其进行控制和规避,从而实现社会保险基金保值增值等的一系列管理过程[①]。社会保险基金的重要性要求我们必须在对其可能面临的风险进行充分分析的前提下,进行有效的风险管理。

根据风险来源的不同,社会保险面临的风险可分为外部环境风险和内部运营风险,其中外部环境风险主要包括人口老龄化程度的不断加深,社会保险相关立法不够完善,金融市场不够发达导致基金保值增值有限等方面的风险;内部运营风险主要指社会保险基金在筹资、管理和发放的过程中可能面临的一系列潜在风险。随着老龄人口占比的攀升,较多国家(包括我国)已经出现社会保险基金收支平衡困难,甚至支付危机。我国(含湖北省)社会保险如果要实现可持续发展,解决社会保险基金的安全运行问题,就需要政府提前对社会保险基金的风险进行预测及管理,以寻找可行的解决方案,解决因人口老龄化带来的社会保险基金支付危机。

第六节　世代交叠模型

世代交叠模型(OLG 模型,Over-Lapping Generation Model)是关于基本养老保险的研究中经常使用的一个理论。对于基本养老保险的一般均衡研究(含基本养老保险基金收支平衡)主要借鉴 Allais(1947 年)、Samuelson(1958 年)和 Diamond(1965年)等建立的世代交叠模型。世代交叠模型作为深入分析代际跨时消费的常用工具,研究的是任一时期内代际的交易行为,后被引入基本养老保险体系,并在基本养老保险问题的研究中得到广泛应用。

由于劳动力的年龄段分布不同,劳动力进入退休阶段的动态过程是非常复杂的,要建立一个与实际完全一致的人口动态模型是相当困难的。因此,一般借助两期世代交叠模型来分析基本养老保险基金的可持续性。

在 OLG 模型中,不存在数量固定的永久性生存家庭,每位社会成员的生命都是有限的,并且人口新老交替,时间上呈现离散非连续的特征。在两期世代交叠模型(图 3-3)中表现为:同一时点只存在两种类型的人,即年轻人(在职职工)与老年人(退休职工);每个社会成员都只存活两期(第一期劳动,第二期退休)。选取某一时点 t,设 t 时点劳动人口数量为 L_t,由于每位社会成员都只存活工作和退休两期(t 代表 L_t 的工作期,$t+1$ 代表 L_t 的退休期),$t+1$ 时期的退休人口全部来源于 t 时期的劳动人口 L_t,同时,人口在不断地进行新老更替,新生劳动力 L_{t+1} 在 $t+1$ 时期出现,而 L_{t-1}

---

① 唐大鹏.社会保险基金风险管理[M].大连:东北财经大学出版社,2005.

的退休人口在进入 $t+1$ 时期前全部消亡,则 $t+1$ 时期人口总量 $N_t=L_{t+1}+L_t$,以此类推。结合莫迪利安尼·弗朗科生命周期消费理论[①],人们的教育水平、劳动能力、收入与需求的变化反映在劳动供给和储蓄行为之中,人们在整个生命周期内,以跨时消费平滑实现消费效用最大化。进一步假设,t 时期劳动人口 L_t 的工作年限为 C_t 年,进入 $t+1$ 时期,L_t 便成为退休老人,其存活年数为 R_{t+1},则 t 时期的劳动人口 L_t 的生命周期介于 t 与 $t+1$。t 时期的在职人口 L_t 供给 1 单位的劳动,并将 C_t 年内获取的劳动收入用于消费和储蓄,在退休后 R_{t+1} 年内仅消费 t 时期的储蓄和从中所获得的利息。

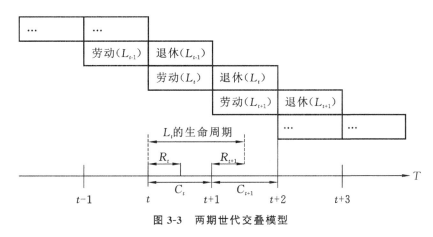

图 3-3 两期世代交叠模型

以两期世代交叠模型为基础,从基本养老保险基金收支平衡的角度,进一步分析影响基本养老保险制度的一些实质性因素。设 t 时期缴费率、工资率、人口增长率、劳动生产增长率、市场利率和人均养老金分别为 θ、w_t、n、g、r、P_t,则有 $L_t=(1+n)L_{t-1}$,$w_t=(1+g)w_{t-1}$。则 t 时期不同基本养老保险制度的运行机制见表 3-1。

表 3-1 t 时期不同基本养老保险制度的运行机制

类别	现收现付制	基金制
养老金收入 PI_t	$\theta w_t L_t$	$\theta w_{t-1}(1+r)L_{t-1}$
养老金支出 PE_t	$P_t L_{t-1}$	$P_t L_{t-1}$
收支平衡条件	$RR_t=(1+n)(1+g)\approx\theta(1+n+g)$	$RR_t=\theta(1+r)$
赡养率(DB_t)	$\dfrac{L_{t-1}}{L_t}=\dfrac{1}{1+n}$	

表 3-1 中 RR_t 为养老金替代率,是指退休职工领取的养老金占在职期间工资的

① ALEXANDRE F、BACÃO P、PORTELA M. Is the basic life-cycle theory of consumption becoming more relevant? Evidence from Portugal[J].Review of Economics of the Household,2020,18(1):93-116.

比例。在现收现付制下,当前劳动人口缴费用于同期退休人口社会养老金发放,当期劳动人口退休后则由下一期劳动人口缴费供养,基本养老保险基金收支平衡主要受人口增长率、劳动生产增长率、养老金替代率、养老金缴费率的影响。因此,在人口老龄化趋势加剧和低生育水平下,现收现付制下基本养老保险基金可持续性堪忧。保持其他条件不变,如果人口增长率或劳动生产增长率下降,由于福利刚性,若要维持原来的养老金替代率,则必须提高基本养老保险缴费水平。就中国实际情况而言,在人口老龄化趋势下,养老金缴费水平和养老金替代率调整空间不足(郑秉文,2012年①)。而在完全积累制下,基本养老保险基金中长期财务平衡主要取决于养老金缴费率与资本市场利率。

---

① 郑秉文.下篇:欧债危机对养老金改革的启示——中国应如何深化改革养老保险制度[J].中国社会保障,2012(2):30-33.

第四章　湖北省基本养老保险基金可持续性评估

本章主要介绍人口预测模型和城镇职工基本养老保险基金精算模型,以及人口预测模型和精算模型相关参数的取值,并分析"减税降费"背景下,湖北省城镇职工基本养老保险基金的财务运行状况和可持续性。

第一节　中国基本养老保险发展的历史沿革

一、初创与停滞阶段

我国养老保险制度的初创阶段是 1951—1965 年。1951 年 2 月 26 日,政务院批准并颁布实施《中华人民共和国劳动保险条例》(以下简写为《劳动保险条例》),标志着我国初步建立适合城镇(企业)职工的基本养老保险制度。该条例规定:企业必须每月按职工工资总额的 3% 缴纳保险费,其中 70% 留在企业用于支付基本养老金;30% 上缴全国总工会作为劳动保险总基金,用于全国范围内跨企业、跨行业、跨地区调剂。中华全国总工会负责地方养老保险支付费用的指导工作、全国总基金的管理和统筹,各级工会实施分级管理。由于当时国民经济处于恢复期,国家财政紧张,故该条例先在 100 人以上的国营、公私合营、私营和合作社经营的工厂、矿场及其附属单位,以及铁路、航运、邮电三个产业的所属企业和附属单位实施。随着国民经济的逐步恢复与发展,国家财力状况得到缓解。1953 年,劳动部修订了《劳动保险条例》并公布《劳动保险条例实施细则修正草案》。该草案扩大了实施范围,增加了工厂、矿场、交通事业单位的基本建设单位和国营建筑公司。1953 年以后,我国进入第一个五年计划时期,经济建设工作好转。到 1956 年,《劳动保险条例》的实施范围扩大到商业、外贸、粮食、供销合作、金融、民航、石油、地质、水产、国营牧场和造林 11 个产业和部门。1956 年 12 月,国务院颁布了《国家机关工作人员退休处理暂行办法》。该办法与城镇(企业)职工的基本养老制度的不同之处在于,机关事业单位工作人员的退休金(或称基本养老金)由国家财政负担。1958 年,国务院颁布《关于工人、职员退休处理的暂行规定》,将集体所有制工业企业纳入基本养老保险制度。

我国基本养老保险制度的停滞阶段是 1966—1977 年。在此期间,管理职工养老保险工作的工会组织被撤销,养老保险费用的征集和管理难以为继。财政部于 1969 年 2 月下发《关于国营企业财务工作中几项制度的改革意见》,规定国营企业一律停止提取劳动保险金,企业的退休职工、长期"病号"工资和其他劳保开支,改在营业外列支,意味着由各企业自行负担,原有的社会保险退化为"企业保险"。

二、恢复与发展阶段

我国基本养老保险制度的恢复阶段是 1978—1984 年。1978 年 6 月,中组部、国家劳动总局会同有关部门起草了《国务院关于安置老弱病残干部的暂行办法》和《国务院关于工人退休、退职的暂行办法》。这两个暂行办法对国有企业职工和机关、事业单位工作人员的退休条件、待遇水平作了统一规定,把离休作为退休的一种形式规定下来。1983 年,根据财政经济状况,国家对生活困难的退休、退职人员进行了基本养老金的调整,并适度提高了基本养老金待遇水平。但是,基本养老金仍从企业成本中列支,依旧是一种企业承担的保险。

我国基本养老保险制度的发展阶段是 1985—1999 年。自 1978 年改革开放和经济体制改革以来,由企业发放基本养老金的弊端日益显露,主要表现在不同行业、不同企业间基本养老保险负担不均。老职工多的企业深感退休包袱之重,严重影响企业发展,而新办企业历史负担小,发展较快。因此,各级政府意识到基本养老保险制度改革的重要性,把基本养老保险制度改革看成是整个经济体制改革的配套措施。1984 年,我国发布《中共中央关于经济体制改革的决定》,要求国有企业独立核算、自负盈亏,这直接冲击了企业自保下的企业之间负担轻重不一的矛盾。同时,国家开始在四川省自贡市、江苏省泰州市、辽宁省黑山县、广东省江门市等地进行国营企业退休人员退休费用社会统筹的试点工作。1986 年,国务院颁布《国营企业实行劳动合同制暂行规定》,决定国营企业新招收的工人一律实行劳动合同制,企业按照工人工资总额的 15%、工人按照不超过本人标准工资的 3%缴纳退休养老费,自此引入了个人缴费机制,减轻企业负担。

1991 年,国务院在总结试点经验的基础上,发布了《国务院关于企业职工养老保险制度改革的决定》(国发〔1991〕33 号),该决定被称为我国基本养老保险改革的第一个里程碑。其主要内容是建立基本养老保险与企业补充养老保险、个人储蓄型养老保险相结合的多层次养老保险制度;基本养老保险所需费用由国家、企业和劳动者三方共同承担;按照部分积累的原则筹集基本养老保险基金;基本养老金实行定期调整机制,参照在职职工工资增长的情况,每年进行一定幅度的调整;加快基本养老保险社会统筹的步伐。

为了推动"社会统筹与个人账户相结合"这项改革,国务院于 1995 年 3 月发布了《国务院关于深化企业职工基本养老保险制度改革的通知》(国发〔1995〕6 号),该通知被称为我国基本养老保险改革的第二个里程碑。其主要内容是基本养老保险制度适用于城镇各类企业职工和个体劳动者,资金来源多渠道、保障方式多层次、社会统筹与个人账户相结合、权利与义务相对应、管理服务社会化。

1997 年 7 月国务院发布《国务院关于建立统一的企业职工基本养老保险制度的决定》(国发〔1997〕6 号),该决定被称为我国基本养老保险改革的第三个里程碑,该决定提出要扩大基本养老保险覆盖范围,逐步扩大到城镇所有企业及其职工,对城镇个体劳动者也要逐步实行基本养老保险制度,并开始推行全国统一的基本养老保险制度。该决定体现了基本养老保险制度从企业保险到社会保险的根本变革。

三、完善阶段

我国基本养老保险制度的完善阶段是 2000 年至今。2000 年,《中共中央关于制定国民经济和社会发展第十个五年规划的建议》明确了社会保障体系改革的方向,即加快形成独立于企业(事业)单位之外、资金来源多元化、保障制度规范化、管理服务社会化的社会保障体系。同年,国务院发布的《国务院关于完善城镇社会保障体系的试点方案的通知》(国发〔2000〕42 号)明确了调整和完善我国基本养老保险制度的主要政策。2005 年,国务院发布的《国务院关于完善企业职工基本养老保险制度的决定》(国发〔2005〕38 号)主要规定了扩大城镇职工基本养老保险的覆盖范围、逐步做实个人账户、改革基本养老金的计发办法,并确保基本养老金按时足额发放。2009 年 9 月 1 日,国务院出台《国务院关于开展新型农村社会养老保险试点的指导意见》(国发〔2009〕32 号),这意味着基本养老保险覆盖至农村居民。

2010 年,十一届全国人大常委会第十七次会议表决通过了《中华人民共和国社会保险法》,并于 2011 年 7 月 1 日正式实施,以法律形式确立了基本养老保险的法律地位。同年,国务院出台《国务院关于开展城镇居民社会养老保险试点的指导意见》(国发〔2011〕18 号),该指导意见将基本养老保险覆盖至城镇未从业居民,至此我国实现了基本养老保险的制度全覆盖。为了进一步促进人口流动和实现城乡统筹的目的,2014 年 2 月 21 日国务院出台《国务院关于建立统一的城乡居民基本养老保险制度的意见》(国发〔2014〕8 号),至此我国统一了城镇居民社会养老保险和新型农村社会养老保险。然而,2014 年之前,我国基本养老保险还存在"双轨制"问题,即城镇职工参加缴费型的城镇职工基本养老保险制度,基本养老金替代率为 40%～60%,而机关事业单位工作人员(公务员和事业单位工作人员)则参加传统的退休金制度,替代率为 80%～90%,两者之间相差较大,这引起了城镇职工的不满。为了追求基本养老保险制度的公平性,2015 年 1 月 14 日国务院出台《国务院关于机关事业单位工作人员养老保险制度改革的决定》(国发〔2015〕2 号),至此,基本养老金"双轨制"局面正式结束,机关事业单位工作人员开始参加基本养老保险制度。从表 4-1 可以看出,2021

年城镇职工基本养老保险和城乡居民基本养老保险的参保人数分别为 48074 万人和 54797 万人，总计达到 102871 万人，参保率达到 95.95%。

表 4-1 我国历年基本养老保险参保情况

年份	基本养老保险参保人数（万人）						总计（万人）	参保率（%）
	城镇职工基本养老保险			城乡居民基本养老保险				
	合计	在职职工	退休职工	合计	缴费人数	待遇领取人数		
2002	14736.6	11128.8	3607.8	—	—	—	14736.6	17.03
2003	15506.7	11646.5	3860.2	—	—	—	15506.7	17.90
2004	16352.9	12250.3	4102.6	—	—	—	16352.9	18.75
2005	17487.9	13120.4	4367.5	—	—	—	17487.9	19.73
2006	18766.3	14130.9	4635.4	—	—	—	18766.3	21.08
2007	20136.9	15183.2	4953.7	—	—	—	20136.9	22.51
2008	21891.1	16587.5	5303.6	—	—	—	21891.1	24.30
2009	23549.9	17743.0	5806.9	—	—	—	23549.9	25.96
2010	25707.3	19402.3	6305.0	10276.8	7413.8	2863	35984.1	38.68
2011	28391.3	21565.1	6826.2	33182	24422	8760	61573.3	65.98
2012	30426.8	22981.1	7445.7	48369.5	35294.5	13075	78796.3	84.34
2013	32218.4	24177.3	8041.1	49750.1	35982.1	13768	81968.5	77.79
2014	34124.4	25531.0	8593.4	50107.5	35794.5	14313	84231.9	79.37
2015	35361.2	26219.3	9141.9	50472.2	35672.2	14800	85833.4	80.49
2016	37930	27826	10103	50847	35577	15270	88777	82.84
2017	40293	29268	11026	51255	35657	15598	91548	85.11
2018	41902	30104	11798	52392	36494	15898	94294	87.38
2019	43488	31177	12310	53266	37234	16032	96754	89.58
2020	45621	32859	12762	54244	38176	16068	99865	92.13
2021	48074	34917	13157	54797	38584	16213	102871	95.95

数据来源：2003—2022 年《中国统计年鉴》和《中国劳动统计年鉴》。

注：总计人数＝城镇职工基本养老保险参保人数＋城乡居民基本养老保险参保人数；参保率＝参保人数/（16 岁及以上人口－在校学生人数）；政府未公布机关事业单位工作人员养老保险的相关数据；政府自 2010 年起开始公布城镇居民基本养老保险和新型农村社会养老保险的合计数。

第二节 湖北省基本养老保险实施现状

一、参保现状

湖北省城镇职工基本养老保险参保人数见表 4-2。

表 4-2 湖北省城镇职工基本养老保险参保人数

年份	城镇职工基本养老保险参保总人数（万人）	城镇职工基本养老保险参保在职职工人数（万人）	城镇职工基本养老保险参保退休职工人数（万人）
2012	1171.40	804.10	367.30
2013	1219.38	823.45	395.93
2014	1266.20	847.00	419.20
2015	1315.50	874.90	440.60
2016	1355.10	897.10	458.00
2017	1546.60	1020.50	526.10
2018	1601.60	1047.50	554.10
2019	1684.80	1100.50	584.30
2020	1744.70	1147.90	596.80
2021	1834.68	1217.54	617.14

由表 4-2 可以看出，湖北省近十年城镇职工基本养老保险参保人数呈增长的趋势，具体变化如下：2012 年，城镇职工基本养老保险参保总人数为 1171.40 万人，其中在职职工人数为 804.10 万人，退休职工人数为 367.30 万人。2013—2014 年，参保人数逐年增加，分别为 1219.38 万人、1266.20 万人。自 2015 年之后，参保人数的增长趋势更加显著，2015 年为 1315.50 万人，2016 年为 1355.10 万人，2017 年为 1546.60 万人，2018 年为 1601.60 万人。2019 年，参保人数达到 1684.80 万人，2020 年继续增长至 1744.70 万人。最新的数据显示，截至 2021 年，湖北省城镇职工基本养老保险参保总人数为 1834.68 万人，其中在职职工人数为 1217.54 万人，退休职工人数为 617.14 万人。综合来看，湖北省近十年城镇职工基本养老保险参保人数呈现稳步增长的趋势。这表明在过去的几年里，越来越多的城镇职工参与了基本养老保险制度，为他们的养老提供了一定的保障。这种城镇职工基本养老保险参保人数的增长趋势可以从以下几个角度进行评估：

（1）社会保障的加强

参保人数增长表明湖北省政府在养老保险领域加大了宣传力度和政策支持，鼓励更多的城镇职工参与养老保险制度，以提高他们的社会保障水平。这种趋势反映了政府对社会保障体系建设的重视程度。

（2）就业形势的变化

在职职工参保人数的增长可能与湖北省就业形势的变化有关。如果就业机会增加或者就业环境改善，就会有越来越多的人选择参加养老保险，以确保自己在退休后能够获得一定的养老金和福利待遇。

（3）人口老龄化的影响

中国整体面临人口老龄化的趋势，湖北省也不例外。退休职工参保人数的增长可能反映了湖北省老年人口的增加，需要提供更多的养老保障。这也是社会养老保险制度发展和完善的重要动力。

综上所述，湖北省城镇职工基本养老保险参保人数增长的趋势可以被视为一种积极的现象，它反映了社会保障的加强、就业形势的变化，以及人口老龄化对养老保障需求的推动。然而，仍然需要进一步关注养老保险制度的可持续性和公平性，确保参保人员在退休后能够得到合理的养老金和福利待遇。湖北省城镇职工基本养老保险参保人数增长的趋势背后可能涉及以下一些主要原因：

（1）政策推动

政府出台了一系列鼓励和促进城镇职工参与养老保险的政策措施。这些政策可能包括提高参保门槛的灵活性、加大宣传力度、优化养老保险待遇等方面的改革。政策的积极引导和支持使得更多的城镇职工意识到养老保险的重要性，愿意主动参与其中。

（2）经济发展和就业形势改善

湖北省在过去几年里得到了较好的经济发展和就业形势改善。经济繁荣和就业机会的增加为城镇职工提供了更多的稳定就业机会，使得他们更有能力和意愿参与养老保险制度。稳定的就业环境也为职工提供了参保养老保险的经济基础。

（3）社会意识的提高

随着社会的发展和教育水平的提高，人们对养老保障的意识也在逐渐提升。越来越多的人意识到个人养老储备的重要性，希望通过参与养老保险来为退休生活做准备。同时，政府和媒体对养老保障的宣传也起到了积极的推动作用，提高了公众对养老保险的认知和理解。

（4）人口老龄化的压力

随着人口老龄化程度的加深，养老保险制度的重要性变得更加突出。湖北省的人口老龄化趋势也促使政府和个人更加重视养老保障问题。为了确保老年人的生活质量和养老保障的可持续性，更多的城镇职工选择参保养老保险，为未来的老年生活做好准备。

二、基金收支现状

湖北省城镇职工基本养老保险基金收支现状见表 4-3。

表 4-3　湖北省城镇职工基本养老保险基金收支现状

年份	城镇职工基本养老保险基金收入（亿元）	城镇职工基本养老保险基金财政补贴（亿元）	城镇职工基本养老保险基金支出（亿元）	城镇职工基本养老保险基金累计结余（亿元）
2012	764.30	194.01	647.80	754.60
2013	860.49	236.94	798.02	817.07
2014	977.80	279.89	950.60	821.60
2015	1132.40	353.59	1103.60	850.40
2016	1196.90	323.01	1225.10	822.20
2017	1793.60	394.25	1864.20	751.60
2018	1941.70	470.05	1996.10	743.40
2019	2418.00	786.34	2264.50	1017.10
2020	2024.70	—	2265.50	963.20
2021	2441.93	527.95	2441.80	1104.27

从表 4-3 可知,湖北省城镇职工基本养老保险基金收入的变化趋势如下:2012 年,基金收入为 764.30 亿元。在接下来的几年里,基金收入呈逐年增长的趋势。2013 年为 860.49 亿元,2014 年为 977.80 亿元,2015 年为 1132.40 亿元,2016 年为 1196.90 亿元。从 2016 年开始,基金收入的增长更加显著。2017 年为 1793.60 亿元,2018 年为 1941.70 亿元。2019 年,基金收入进一步增加至 2418.00 亿元,2020 年略有下降,为 2024.70 亿元。最新的数据显示,截至 2021 年,湖北省城镇职工基本养老保险基金收入为 2441.93 亿元。根据以上数据,湖北省城镇职工基本养老保险基金收入呈现明显的增长趋势。这可能受到多个因素的影响,包括就业人数的增加、参保人数的增长、缴费基数的提高以及政策措施的调整等。这些因素共同促使基金收入的增加,为城镇职工的养老保障提供了更多的资金支持。

湖北省城镇职工基本养老保险基金收入的变化趋势可以从以下几个方面进行分析:

（1）经济发展带来的收入增长

随着湖北省经济的发展,城镇职工基本养老保险基金收入呈逐年增长的趋势。经济的增长可以带动就业和提高工资水平,从而增加城镇职工的缴费金额,进而增加基金收入。

（2）参保人数的增加

城镇职工基本养老保险基金收入的增长可能与参保人数的增加有关。随着就业机会的增加和养老保险政策的普及，越来越多的城镇职工选择参保养老保险。参保人数的增加直接促使基金收入的增长。

（3）缴费基数的提高

城镇职工基本养老保险的缴费金额是根据工资收入来计算的。如果城镇职工的平均工资水平提高，或者缴费基数的计算方法调整，都会导致基金收入的增加。

（4）政策调整的影响

政府在养老保险政策方面进行调整和改革，可能对基金收入产生影响。例如，提高养老保险费率、调整缴费比例、改革养老金计算方法等政策变化都会直接或间接地影响基金收入的增长。

综上所述，湖北省城镇职工基本养老保险基金收入呈逐年增长的趋势，这主要受到经济发展、参保人数增加、缴费基数提高以及政策调整等多个因素的综合影响。这种趋势反映了养老保险制度的发展和完善，为养老保险提供了稳定的经济支持。但我们仍需要保持基金的可持续性，确保基金的平稳运行，并合理运用基金以满足未来的养老保障需求。

三、基金结余现状

从表 4-3 可知，湖北省城镇职工基本养老保险基金累计结余的变化趋势如下：2012 年，基金累计结余为 754.60 亿元。2012—2015 年，基金累计结余呈现较为稳定的态势，波动幅度较小，2013 年为 817.07 亿元，2014 年为 821.60 亿元，2015 年为 850.40 亿元。从 2016 年开始，基金累计结余呈现下降趋势，2016 年为 822.20 亿元，2017 年为 751.60 亿元，2018 年为 743.40 亿元。然而，从 2019 年开始，基金累计结余再次出现增长，2019 年为 1017.10 亿元，2020 年为 963.20 亿元。截至 2021 年，湖北省城镇职工基本养老保险基金累计结余为 1104.27 亿元。

综合以上数据，湖北省城镇职工基本养老保险基金累计结余呈现起伏的趋势。在早期阶段，基金累计结余相对较稳定，但从 2016 年开始出现下降，这可能是由于基金支出增长速度超过了收入增长速度。然而，自 2019 年以来，基金累计结余开始回升，回升的原因可能是政府政策调整、经济发展和管理措施的落实。需要注意的是，基金累计结余的变化趋势受到多种因素的影响，包括参保人数的增长、基金收入和支出的变化、投资收益等。综合考虑这些因素，可以更全面地解读湖北省城镇职工基本养老保险基金累计结余的趋势。确保基金的结余水平合理和稳定，是保障养老金支付的重要基础，也是维护养老保险制度可持续性的关键。

湖北省城镇职工基本养老保险基金累计结余的变化可以说明以下几个方面的

情况：

（1）资金管理和运营效率

基金累计结余的增加可能反映了对养老保险基金的有效管理和运营。如果基金的投资收益高于支出增长率，那么基金结余就会增加。这可能意味着湖北省对基金的投资策略和运营管理取得了一定的成功，使得基金的收益能够满足支出的需求，同时保持一定的结余。

（2）收入和支出的平衡

基金累计结余的变化也与基金的收入和支出之间的平衡关系有关。如果基金收入增长速度快于支出增长速度，那么基金结余就会增加。相反，如果基金支出增长速度快于收入增长速度，基金结余就会减少。因此，基金的结余变化可以反映出养老保险制度的可持续性和财务平衡状况。

（3）政策调整和制度改革

基金累计结余的变化也可能受到政策调整和制度改革的影响。政府对养老保险制度的改革和调整可能会对基金的收入和支出产生影响，进而影响基金的结余水平。例如，调整缴费比例、提高养老金水平、改革养老金计算方法等政策变化都可能对基金结余产生影响。

第三节　人口预测模型

一、人口预测模型构建

人口预测是测算湖北省城镇职工基本养老保险基金可持续性的第一步。在精算原理中，对于人口的年老、生存和死亡的规律，主要通过构造生存模型进行研究[①]。本书采用队列要素法（又称成分法，Cohort Component Method），以 2010 年为基年对湖北省[②]（2015—2090 年）分年龄、性别、城乡的人口数量进行预测，具体如下：

（1）第一步，t 年分城乡、性别、年龄的自然增长人口[③]数量等于 $t-1$ 年分城乡、性别、年龄的常住人口数量乘以对应的生存概率（$=1-$死亡率），具体表达式如下：

$$l_{t,x}^{u,m} = N_{t-1,x-1}^{u,m} \times (1 - q_{t-1,x-1}^{u,m}) \tag{4-1}$$

$$l_{t,x}^{u,f} = N_{t-1,x-1}^{u,f} \times (1 - q_{t-1,x-1}^{u,f}) \tag{4-2}$$

$$l_{t,x}^{r,m} = N_{t-1,x-1}^{r,m} \times (1 - q_{t-1,x-1}^{r,m}) \tag{4-3}$$

---

①　宋世斌.我国医疗保障体系的债务风险及可持续性评估［M］.北京：经济管理出版社，2009.

②　本书会在后文中详细阐述为何不使用 2015 年人口 1% 抽样调查数据。

③　自然增长人口是指由正常的出生和死亡形成的人口，不包含迁移人口；而常住人口由自然增长人口和迁移人口构成。

$$l_{t,x}^{r,f} = N_{t-1,x-1}^{r,f} \times (1 - q_{t-1,x-1}^{r,f}) \tag{4-4}$$

式中　$N_{t,x}^{u,m}, N_{t,x}^{u,f}, N_{t,x}^{r,m}$ 和 $N_{t,x}^{r,f}$ ——t 年 x 岁的城镇男性、城镇女性、农村男性和农村女性的常住人口数量；

$l_{t,x}^{u,m}, l_{t,x}^{u,f}, l_{t,x}^{r,m}$ 和 $l_{t,x}^{r,f}$ ——t 年 x 岁的城镇男性、城镇女性、农村男性和农村女性的自然增长人口数量；

$q_{t,x}^{u,m}, q_{t,x}^{u,f}, q_{t,x}^{r,m}$ 和 $q_{t,x}^{r,f}$ ——t 年 x 岁的城镇男性、城镇女性、农村男性和农村女性的死亡率。

（2）第二步，t 年分城乡的新生人口（即 0 岁人口）数量等于 t 年分城乡、年龄的平均育龄（15～49 岁）妇女人口数量乘以对应的年龄别生育率之后的总和，具体表达式如下：

$$B_t^u = \sum_{x=15}^{49} P_{t,x}^{f,u} \times f_{t,x}^u = \frac{1}{2} \times \sum_{x=15}^{49} \left\{ [l_{t,x}^{u,f} + l_{t,x-1}^{u,f} \times (1 - q_{x-1}^{f,u})] \times f_{t,x}^u \right\} \tag{4-5}$$

$$B_t^r = \sum_{x=15}^{49} P_{t,x}^{f,r} \times f_{t,x}^u = \frac{1}{2} \times \sum_{x=15}^{49} \left\{ [l_{t,x}^{r,f} + l_{t,x-1}^{r,f} \times (1 - q_{x-1}^{f,r})] \times f_{t,x}^r \right\} \tag{4-6}$$

式中　B_t^u, B_t^r ——t 年城镇和农村的新生人口数量；

$P_{t,x}^{f,u}, P_{t,x}^{f,r}$ ——t 年 x 岁的平均育龄妇女人口数量；

$f_{t,x}^u, f_{t,x}^r$ ——t 年 x 岁的城镇和农村妇女的年龄别生育率。

考虑新生人口性别比[①]后，即可获得 t 年分城乡、性别的新生人口数量。

（3）第三步，考虑到农村人口向城镇迁移的情况，即可获得 t 年分城乡、性别、年龄的常住人口数量，具体表达式如下：

$$N_{t,x}^{u,m} = l_{t,x}^{u,m} + l_{t,x}^{r,m} \times qy_{t,x}^m \tag{4-7}$$

$$N_{t,x}^{u,f} = l_{t,x}^{u,f} + l_{t,x}^{r,f} \times qy_{t,x}^f \tag{4-8}$$

$$N_{t,x}^{r,m} = l_{t,x}^{r,m} - l_{t,x}^{r,m} \times qy_{t,x}^{r,m} \tag{4-9}$$

$$N_{t,x}^{r,f} = l_{t,x}^{r,f} - l_{t,x}^{r,f} \times qy_{t,x}^{r,f} \tag{4-10}$$

式中　$qy_{t,x}^m, qy_{t,x}^f$ ——t 年 x 岁的农村男性和农村女性自然增长人口的迁移率；

$l_{t,x}^{r,m} \times qy_{t,x}^m, l_{t,x}^{r,f} \times qy_{t,x}^f$ ——t 年 x 岁的由农村迁往城镇的男性和女性人口数量。

迁移人口数量加上城镇自然增长人口数量等于城镇常住人口数量，农村自然增长人口数量减去迁移人口数量等于农村常住人口数量。

二、人口预测模型参数计算与说明

本书使用 2010 年第六次全国人口普查数据对人口数量进行预测，而未使用最新的 2015 年 1‰人口抽样调查数据，主要是因为 2010 年人口普查数据与 2015 年 1‰人

---

① 正常的新生人口性别比（男女比）为 105∶100.

口抽样调查数据存在一定的出入。2010 年的 0～100 岁人口可视为 2015 年的 5～
100 岁人口，按照 2010 年我国人口数据预测 2015 年我国人口数量，再与 2015 年的人
口数量抽样值进行对比，可得到表 4-4 所示的结果。可见，各年龄别的人口数量预测
值与抽样值之间存在差距，最大可达 45.03％，也就是说，2015 年 1％人口抽样调查数
据存在一定的误差，由于人口普查是全样本调查[①]，准确度较高，因此本书仍使用
2010 年第六次全国人口普查数据对湖北省人口数量进行预测。

表 4-4 2015 年我国人口数量预测值与 2015 年我国人口数量抽样值的对比

年龄	绝对数差距	变化幅度	年龄	绝对数差距	变化幅度	年龄	绝对数差距	变化幅度
5	−1432290	−10.42％	37	−39893	−0.21％	69	147123	1.59％
6	−7425	−0.05％	38	−139668	−0.77％	70	68326	0.82％
7	109926	0.70％	39	−93770	−0.45％	71	144133	1.83％
8	437746	2.87％	40	−65077	−0.31％	72	122560	1.72％
9	678690	4.45％	41	113241	0.50％	73	133451	1.94％
10	−236051	−1.60％	42	48040	0.20％	74	193223	2.86％
11	229579	1.55％	43	−22564	−0.09％	75	186409	2.93％
12	140182	1.04％	44	−167712	−0.67％	76	142448	2.68％
13	−45561	−0.33％	45	337164	1.24％	77	206660	3.59％
14	−256181	−1.79％	46	−46363	−0.19％	78	196993	3.79％
15	916716	6.33％	47	68816	0.26％	79	223333	4.59％
16	−422004	−3.02％	48	−86168	−0.41％	80	258957	5.88％
17	−535727	−3.47％	49	−305079	−1.28％	81	282793	7.21％
18	166930	1.09％	50	133384	0.56％	82	262058	7.05％
19	−275797	−1.73％	51	−20776	−0.09％	83	192159	6.41％
20	−4131600	−22.89％	52	−143823	−0.54％	84	223814	8.88％
21	−852193	−4.53％	53	21731	0.11％	85	243305	9.96％
22	1311609	6.30％	54	84369	0.76％	86	180571	10.18％
23	1615246	7.77％	55	189752	1.37％	87	200770	12.08％

---

① 人口普查长表数据的抽样比为 10％，在统计学上，其准确度也应高于 2015 年 1％抽样调查数
据。

续表4-4

年龄	绝对数差距	变化幅度	年龄	绝对数差距	变化幅度	年龄	绝对数差距	变化幅度
24	1763862	8.18%	56	−28526	−0.23%	88	177689	13.73%
25	372430	1.33%	57	28807	0.18%	89	165060	16.42%
26	345076	1.30%	58	−32366	−0.18%	90	132774	15.46%
27	−351894	−1.44%	59	−19555	−0.12%	91	130685	19.90%
28	−706943	−2.75%	60	−86513	−0.50%	92	87726	17.92%
29	−674630	−2.98%	61	112694	0.66%	93	71787	19.47%
30	−436198	−2.19%	62	99813	0.64%	94	60761	21.06%
31	2876	0.01%	63	80377	0.52%	95	59801	28.21%
32	−68	0.00%	64	205443	1.56%	96	38744	28.36%
33	−134145	−0.60%	65	11428	0.09%	97	31500	30.66%
34	111910	0.57%	66	13680	0.11%	98	30521	41.03%
35	147970	0.78%	67	143672	1.35%	99	25210	45.03%
36	−103980	−0.52%	68	118945	1.18%	100	−5217	−11.98%

数据来源:2015年1%人口抽样调查数据(http://pan.xiaze.org/nj/2015qgrkcydczl/indexch.htm)。

注:绝对数差距=2015年人口数量预测值−2015年人口数量抽样值;变化幅度=绝对数差距/2015年人口数量抽样值。

(一)死亡率

死亡率是人口预测中的一个重要参数,也是编制生命表的一个重要参数,根据2010年第六次全国人口普查数据[①],可以通过2010年的死亡人数和生存人数计算出湖北省人口的死亡率。然而,由于人口普查存在一定的漏报和误差,通过人口普查实际数据计算出来的死亡率并非真实的死亡率,要对该死亡率进行一定的修正,即死亡率修匀。本书采用蒋正华(1983年)[②]提出的自修正迭代算法(JPOP-1算法)[③]对死亡率进行修匀。

此处引出与死亡率 q_x 相对应的一个概念——存活概率 p_x 或 SR_x,为区别于以下的实际人口数,在该算法中采用后者,容易得出 $q_x = 1 - SR_x$。因此,就可以通过求

①　第六次全国人口普查数据来源于 http://www.stats.gov.cn/tjsj/pcsj/rkpc/6rp/indexch.htm。

②　蒋正华.JPOP-1人口预测模型[J].西安交通大学学报,1983(4):114-117.

③　自修正迭代算法(JPOP-1算法)为中国乃至世界各国人口生命表研制奠定了坚实的科学基础,这种算法可以直接利用某次人口普查的数据制作出完全生命表。

各年龄组的存活概率来求得死亡率,所以问题的关键就转化为求解存活率 SR_x。以下介绍求解存活概率 SR_x 的迭代算法,首先对算法中的符号作如下说明:

(1) 各年龄组的存活概率为 $SR_x(x=0,1,2,\cdots,100)$,并任取$(0,1)$之间的值;

(2) $P_{x-1,t-1}$ 表示 $t-1$ 年 $x-1$ 岁人口的数量;

(3) $D_{x-1,t-1}$ 表示 $t-1$ 年 $x-1$ 岁死亡的人口数量;

(4) $P'_{x,t}$ 表示 t 年 x 岁人口的平均数量。

综合以上已知条件,则有:

$$P_{x,t}=P_{x-1,t-1}\times SR_{x-1} \tag{4-11}$$

进而导出:

$$P_{x-1,t-1}=P_{x,t}/(SR_{x-1})$$

由此我们可以估算出 $P_{x-1,t-1}$ 的值。

另有:

$$P'_{x-1,t}=(P_{x-1,t-1}+P_{x-1,t})/2 \tag{4-12}$$

由此我们可以推算出 SR_x 的新值,即

$$SR^1_{x-1}=1-D_{x-1,t-1}/P'_{x-1,t} \tag{4-13}$$

再用新求出的 SR^1_{x-1}(SR^1_{x-1} 为新的 $x-1$ 岁人口的存活率)代替原来的 SR^0_{x-1}(旧的 $x-1$ 岁人口的存活率),反复利用以上公式进行迭代计算,直到 SR^1_{x-1} 和 SR^0_{x-1} 的差值小于 10^{-5},就得到各年龄组存活概率真值,从而可以得到各年龄组死亡率的真值。

随着人民生活水平的提高、医疗技术的进步,人口死亡率呈现逐年下降的趋势,人口预期寿命也呈现逐年上升的趋势[①],因此人口死亡率并不是一成不变。根据《"健康中国 2030"规划纲要》的精神,2020 年人口预期寿命争取达到 77.3 岁,2030 年人口预期寿命争取达到 79 岁。按照这一文件的精神,运用生命表(Life Table)技术,本书基于 2010 年湖北省人口死亡率对 2015—2090 年湖北省人口死亡率进行调整,并结合发达国家(如日本、德国)的经验,假定湖北省人口预期寿命达到 80 岁后不再增加。

(二)妇女生育率

生育率是预测新生人口的一个重要参数。2010 年第六次全国人口普查数据显示,我国妇女总和生育率为 1.18[②],其中城镇和农村妇女总和生育率分别为 0.98 和 1.44,湖北省妇女总和生育率为 1.34,其中湖北省城镇和农村妇女总和生育率分别为

---

① 按照生命表的构造原理,可以通过分年龄别人口死亡率计算出人口预期寿命。

② 傅崇辉,张玲华,李玉柱.从第六次人口普查看中国人口生育变化的新特点[J].统计研究,2013(1):65-75.

1.1 和 1.6，均低于更替水平[①]2.1，也低于国家人口计生委（现国家卫生健康委员会）一直坚称的 1.8 左右的水平[②]。

如此低的生育水平是否能够如实反映我国的实际情况呢？部分学者认为我们应该相信人口普查的统计结果。郝娟和邱长溶（2011 年）[③]根据相关统计年鉴的数据进行计算，得出 2000—2010 年我国的总和生育率为 1.2～1.4，这相当于直接采用了人口普查、全国 1％人口抽样调查和每年全国 1‰人口变动抽样调查的结果。郭志刚（2011 年）[④]以六普结果为靶标，预测模拟了以往 20 年中国人口变动的大概情况，认为总和生育率十几年都处于 1.5 以下的水平，不少年份甚至连 1.4 都不到。王广州（2012 年）[⑤]认为，根据现有数据保守地估计 2010 年总和生育率应该在 1.44 以内，超过 1.64 的可能性极小。然而，有些学者对人口普查的数据提出了质疑，不断地根据人口普查的相关数据修正总和生育率。崔红艳、徐岚和李睿（2013 年）[⑥]利用人口变动抽样的数据和国家统计局每年公布的出生人口数据对"第六次人口普查"数据的准确性进行了考察，发现 0～9 岁人口存在着漏报，20～45 岁人口有重有漏，但重大于漏，2010 年妇女总和生育率应在 1.5 左右。王金营和戈艳霞（2013 年）[⑦]通过与以往几次人口普查数据进行对比，发现 2010 年人口普查存在 0～9 岁人口的漏报、育龄妇女的重报和育龄妇女的抽样偏误等问题，他们通过对少儿人口漏报回填和考虑育龄妇女重报等因素调整后，得到 2001—2010 年综合生育率估计值为 1.5～1.6。

可以看出，不同的学者有不同的观点，这里不再讨论第六次全国人口普查数据的准确与否，而是通过设定不同的总和生育率来推算 2011 年的总人口，并与 2011 年全国人口 1‰抽样调查的数据进行比对，以期找出最接近的总和生育率[⑧]。首先假定 2010 年第六次全国人口普查公布的总和生育率是正确的，采用上述人口预测模型进行预测，2011 年全国人口数为 134594 万人[⑨]，而 2011 年实际人口数为 134735 万人[⑩]，两者之间的差距为 141 万人，误差率为 0.1％；然后，我们调整总和生育率，使总

---

① 更替水平是指同一批妇女生育女儿的数量恰好能替代她们本身。一旦达到生育更替水平，出生率和死亡率将趋于平衡。一般认为，总和生育率为 2.1，即达到了生育更替水平。

② 陈友华，胡小武.低生育率是中国的福音？——从第六次人口普查数据看中国人口发展现状与前景[J].南京社会科学，2011(8):53-59.

③ 郝娟，邱长溶.2000 年以来中国城乡生育水平的比较分析[J].南方人口，2011(5):24-33.

④ 郭志刚.六普结果表明以往人口估计和预测严重失误[J].中国人口科学，2011(6):2-13.

⑤ 王广州.中国人口总量、结构及其发展趋势预测[R].内部研究报告，2012.

⑥ 崔红艳，徐岚，李睿.对 2010 年人口普查数据准确性的估计[J].人口研究，2013(1):10-21.

⑦ 王金营，戈艳霞.2010 年人口普查数据质量评估以及对以往人口变动分析校正[J].人口研究，2013(1):22-33.

⑧ 曾益.人口老龄化背景下我国城镇职工基本医疗保险制度可持续性研究[D].上海：上海财经大学，2014.

⑨ 包括可以确定常住地人口数 1343641506 人，军人 230 万人（这里假定军人数与 2010 年的一致）。

⑩ 数据来源于 2012 年《中国统计年鉴》。

人口数无限接近 134735 万人,经测算发现,当总和生育率为 1.36(其中城镇为 1.16,农村为 1.61)时,总人口数为 134736 万人[①],与 2011 年的实际人口最接近,两者之间的差距仅为 1 万人,误差率小于 10^{-5},因此可以认为 2010 年我国妇女总和生育率的真实值是 1.36,其中城镇和农村妇女总和生育率分别为 1.16 和 1.61,这一结论与郭志刚(2011 年)[②]、王广州(2012 年)[③]的结论非常接近。因此,根据这一测算结果调整我国和湖北省分城乡的年龄别生育率和总和生育率,城镇妇女生育率在原生育率的基础上放大 1.18(=1.16/0.98)倍,农村妇女生育率在原生育率的基础上放大 1.12(=1.61/1.44)倍,具体的调整结果详见表 4-5 中的调整生育率。由于 2010 年我国(含湖北省)实行的是计划生育政策("一胎"政策),因此,可以假定如果我国(含湖北省)继续实行"一胎"政策,妇女总和生育率为 1.36,其中城镇和农村妇女总和生育率分别为 1.16 和 1.61[①],而湖北省城镇和农村妇女总和生育率分别为 1.30 和 1.79。

表 4-5 2010 年湖北省分城乡妇女生育率

年龄	原始生育率(‰)		调整生育率(‰)	
	城镇	农村	城镇	农村
15～19	2.4534	9.2140	2.8950	10.3197
20～24	55.5988	104.9475	65.6066	117.5412
25～29	83.7563	102.6415	98.8324	114.9585
30～34	41.4824	58.8477	48.9492	65.9094
35～39	19.7868	23.9983	23.3484	26.8781
40～44	10.2758	11.2305	12.1254	12.5781
45～49	9.4576	9.7331	11.1600	10.9010

数据来源:第六次全国人口普查数据(http://www.stats.gov.cn/tjsj/pcsj/rkpc/6rp/indexch.htm)。

生育政策调整会改变湖北省妇女总和生育率,即妇女总和生育率会提高。本书结合 2000 年第五次全国人口普查和 2010 年第六次全国人口普查以及 2005 年 1‰人口抽样调查的相关数据,计算生育政策调整后("全面二孩"政策)符合条件的夫妇的数量,并结合"四二一"家庭微观仿真模型模拟未来湖北省总和生育率的变化情况,计算过程中还考虑了不同生育意愿对中国总和生育率的影响。本书将在本章第四节详细阐述"全面二孩"生育意愿的设定情况。

---

① 包括可以确定常住地人口数 1345067900 人,军人 230 万人。

② 郭志刚.六普结果表明以往人口估计和预测严重失误[J].中国人口科学,2011(6):2-13.

③ 王广州.中国人口总量、结构及其发展趋势预测[R].内部研究报告,2012.

④ 曾益.人口老龄化背景下我国城镇职工基本医疗保险制度可持续性研究[D].上海:上海财经大学,2014.

（三）迁移率

按照 2000 年第五次全国人口普查数据和 2010 年第六次全国人口普查的相关数据，可推算出各年龄别农村自然增长人口的迁移率。具体方法如下：假定不存在农村人口向城镇迁移的情况，运用队列要素方法得出 2010 年湖北省人口数量，与 2010 年湖北省实际人口数量进行对比，即可得到湖北省各年龄别农村自然增长人口的迁移率，具体结果详见表 4-6。按照周渭兵（2004 年）[①]的研究结论，本书同样假定 91 岁及以上的农村自然增长人口不再迁移至城镇。

表 4-6　湖北省分年龄别迁移率

年龄	男性	女性	年龄	男性	女性
0	0.00653518	0.00316860	46	0.01332126	0.01429146
1	0.00797255	0.00405598	47	0.01246105	0.01355611
2	0.01106939	0.00449876	48	0.01431638	0.01567609
3	0.01536880	0.00978531	49	0.01198798	0.01412238
4	0.01727210	0.01264294	50	0.01426756	0.01694695
5	0.02276808	0.01867790	51	0.01187178	0.01416269
6	0.02730214	0.02278119	52	0.01204697	0.01365909
7	0.03188108	0.02792199	53	0.01264727	0.01403216
8	0.03692426	0.03258121	54	0.01220446	0.01357379
9	0.04131750	0.03611946	55	0.01271418	0.01382864
10	0.04512503	0.03756133	56	0.01243944	0.01403302
11	0.04696508	0.03825391	57	0.01052951	0.01180446
12	0.05047453	0.04094394	58	0.01226173	0.01347330
13	0.04994002	0.04158651	59	0.01181527	0.01223923
14	0.04950771	0.04026558	60	0.01634388	0.01731057
15	0.04636763	0.03735440	61	0.01221225	0.01247058
16	0.04017399	0.03208501	62	0.01281470	0.01264901
17	0.03347805	0.02632270	63	0.01251161	0.01283184
18	0.03032624	0.02581926	64	0.01443101	0.01493180

---

① 　周渭兵.社会养老保险的精算方法及其应用[M].北京：经济管理出版社，2004.

年龄	男性	女性	年龄	男性	女性
19	0.02195017	0.02000578	65	0.01387448	0.01483639
20	0.02123164	0.02248683	66	0.01141616	0.01198746
21	0.01888751	0.02399259	67	0.01222035	0.01267894
22	0.02342971	0.02629811	68	0.01203737	0.01336256
23	0.02634598	0.02800373	69	0.01009672	0.01132265
24	0.02663100	0.02714851	70	0.01315597	0.01573217
25	0.02640115	0.02645563	71	0.01129834	0.01299652
26	0.02532025	0.02473638	72	0.01168638	0.01375457
27	0.02316189	0.02230877	73	0.01101289	0.01300303
28	0.02383290	0.02309811	74	0.01074217	0.01333215
29	0.02201957	0.02185990	75	0.01113360	0.01416812
30	0.02427938	0.02335846	76	0.01040846	0.01333356
31	0.02057249	0.02021408	77	0.00887514	0.01174166
32	0.02251236	0.02129835	78	0.00982419	0.01365220
33	0.02024488	0.01950544	79	0.00720377	0.01045514
34	0.02059029	0.02049682	80	0.00831646	0.01285737
35	0.02050224	0.01985172	81	0.00776433	0.01180497
36	0.01942116	0.01870758	82	0.00720533	0.01130739
37	0.01860716	0.01838072	83	0.00676186	0.01057376
38	0.01859117	0.01729450	84	0.00567506	0.00952837
39	0.01497221	0.01346005	85	0.00490139	0.00835660
40	0.01708117	0.01649721	86	0.00410381	0.00744102
41	0.01268481	0.01269647	87	0.00280549	0.00584118
42	0.01441974	0.01369808	88	0.00145729	0.00425532
43	0.01383041	0.01425361	89	0.00167941	0.00377883
44	0.01339057	0.01376984	90	0.00215629	0.00359681
45	0.01529371	0.01597314	91岁及以上	0	0

三、湖北省人口数量和老龄化程度的变化趋势

我国(含湖北省)的生育政策从原有的"一胎"政策(1978年开始执行)调整为"单独二孩"政策(2014年1月1日正式执行)[①],再调整为"全面二孩"政策(2016年1月1日正式执行)。现阶段,湖北省"全面二孩"生育意愿为20.5%[②],本书先假定未来湖北省"全面二孩"的生育意愿仍为20.5%,在后续章节的分析中,会模拟提升"全面二孩"生育意愿对湖北省人口数量、人口老龄化程度和城镇职工基本养老保险基金可持续性的影响。

(一)人口总数的变化趋势

如果湖北省"全面二孩"生育意愿为20.5%,2022年湖北省人口总数为5789.30万人,2023年及以后人口总数呈下降趋势,21世纪中叶时(即2050年)的人口总数为4697.53万人,2065年湖北省人口总数为3815.64万人,仅为2022年人口总数的65.91%(表4-7)。

2022年湖北省城镇人口数量为3557.65万人,2023年及以后城镇人口数量一直呈上升趋势,直至2039年城镇人口数量达到最高峰,约为3853.06万人,2040年及以后城镇人口数量开始呈下降趋势,2050年为3699.27万人,2065年为3240.16万人。2022年湖北省农村人口数量为2231.66万人,2023年及以后农村人口数量一直呈下降趋势,2050年为998.27万人,2065年为575.48万人,这是农村人口向城镇迁移造成的,也符合国家和湖北省城镇化的发展方向。

(二)老龄人口数量的变化趋势

表4-8为"全面二孩"生育意愿为20.5%时,湖北省60岁及以上人口数量的变化情况。2022年湖北省60岁及以上人口数量为1273.62万人,2023年及以后60岁及以上人口数量呈现增加的趋势,峰值将在2053年出现,2053年60岁及以上人口数量达到1966.22万人,2054年及以后将呈现下降的趋势,2065年60岁及以上人口为1571.50万人。2022—2065年湖北省60岁及以上人口数量经历"过山车"的变化趋势。

2022年湖北省城镇和农村60岁及以上人口数量分别为702.70万人和570.92万人,2022年及以后城镇60岁及以上人口数量同样呈现增加的趋势,直至2055年达到峰值,为1638.18万人,2056年及以后呈现下降的趋势,2065年为1390.51万人;而农村60岁及以上人口数量先呈现缓慢上升的趋势,直至2030年达到峰值,为660.38万人,2031年及以后呈现缓慢下降的趋势,2065年为181.00万人。可见,2022—2065年湖北省城镇和农村60岁及以上人口数量同样经历"过山车"的变化趋势。

[①] 虽然我国(含湖北省)曾在农村地区和城镇地区分别实行"一孩半"政策和"双独二孩"政策,但效果均不是特别明显,因此未纳入分析。

[②] 新京报.超半数一孩家庭无生育二孩意愿.[2016-12-24].http://news.ifeng.com/a/20161224/50468025_0.shtml。

表 4-7　湖北省人口总数的预测结果（"全面二孩"生育意愿为 20.5%）

单位：人

年份	总人口			城镇人口			农村人口		
	总计	男性	女性	总计	男性	女性	总计	男性	女性
2022	57893041	29730177	28162864	35576489	18263981	17312508	22316552	11466196	10850356
2023	57713944	29630651	28083293	35975339	18467843	17507496	21738605	11162808	10575797
2024	57493925	29509082	27984843	36350987	18659303	17691684	21142938	10849779	10293159
2025	57281293	29390848	27890445	36643502	18807282	17836220	20637791	10583566	10054225
2026	57042079	29258530	27783549	36918150	18945761	17972389	20123929	10312769	9811160
2027	56776316	29112043	27664273	37174641	19074472	18100169	19601675	10037571	9564104
2028	56484538	28951868	27532670	37412961	19193544	18219417	19071577	9758324	9313253
2029	56168642	28779232	27389410	37633924	19303547	18330377	18534718	9475685	9059033
2030	55875257	28618459	27256798	37777883	19373323	18404560	18097374	9245136	8852238
2031	55567322	28450528	27116794	37909407	19436671	18472736	17657915	9013857	8644058
2032	55245593	28275734	26969859	38029059	19493807	18535252	17216534	8781927	8434607
2033	54908882	28093595	26815287	38136654	19544702	18591952	16772228	8548893	8223335
2034	54557425	27904602	26652823	38232291	19589688	18642603	16325134	8314914	8010220
2035	54191415	27708700	26482715	38316750	19629121	18687629	15874665	8079579	7795086
2036	53809617	27505303	26304314	38389373	19662764	18726609	15420244	7842539	7577705

续表4-7

年份	总人口			城镇人口			农村人口		
	总计	男性	女性	总计	男性	女性	总计	男性	女性
2037	53411485	27294086	26117399	38449195	19690142	18759053	14962290	7603944	7358346
2038	52995846	27074346	25921500	38496219	19711117	18785102	14499627	7363229	7136398
2039	52563019	26846529	25716490	38530571	19725925	18804646	14032448	7120604	6911844
2040	52152832	26631431	25521401	38488113	19700517	18787596	13664719	6930914	6733805
2041	51720318	26405688	25314630	38427441	19665973	18761468	13292877	6739715	6553162
2042	51265822	26169645	25096177	38347960	19622161	18725799	12917862	6547484	6370378
2043	50789189	25923111	24866078	38249767	19569072	18680695	12539422	6354039	6185383
2044	50292766	25667479	24625287	38134007	19507385	18626622	12158759	6160094	5998665
2045	49776557	25402820	24373737	37999398	19436600	18562798	11777159	5966220	5810939
2046	49241714	25129776	24111938	37846534	19357039	18489495	11395180	5772737	5622443
2047	48688900	24848775	23840125	37674592	19268437	18406155	11014308	5580338	5433970
2048	48118361	24559603	23558758	37484547	19171065	18313482	10633814	5388538	5245276
2049	47532909	24263751	23269158	37278431	19065982	18212449	10254478	5197769	5056709
2050	46975334	23984180	22991154	36992655	18920130	18072525	9982679	5064050	4918629
2051	46407034	23700299	22706735	36753297	18799793	17753504	9653737	4900506	4753231
2052	45831294	23413683	22417611	36500767	18673584	17827183	9330527	4740099	4590428

续表4-7

年份	总人口			城镇人口			农村人口		
	总计	男性	女性	总计	男性	女性	总计	男性	女性
2053	45243980	23122075	22121905	36231349	18539503	17691846	9012631	4582572	4430059
2054	44649546	22827047	21822499	35949147	18399038	17550109	8700399	4428009	4272390
2055	44050893	22530720	21520173	35655550	18253466	17402084	8395343	4277254	4118089
2056	43451687	22234765	21216922	35353771	18104417	17249354	8097916	4130348	3967568
2057	42854460	21940791	20913669	35045637	17953140	17092497	7808823	3987651	3821172
2058	42256887	21647826	20609061	34728900	17798850	16930050	7527987	3848976	3679011
2059	41660192	21355896	20304296	34405225	17641987	16763238	7254967	3713909	3541058
2060	41070192	21067508	20002684	34080439	17485078	16595361	6989753	3582430	3407323
2061	40481528	20780590	19700938	33750290	17326541	16423749	6731238	3454049	3277189
2062	39900777	20497728	19403049	33421222	17169021	16252201	6479555	3328707	3150848
2063	39317411	20214969	19102442	33084231	17009028	16075203	6233180	3205941	3027239
2064	38732000	19932450	18799550	32740317	16847124	15893193	5991683	3085326	2906357
2065	38156432	19653815	18502617	32401626	16687318	15714308	5754806	2966497	2788309

表4-8 湖北省60岁及以上人口数量的预测结果("全面二孩"生育意愿为20.5%)

单位：人

年份	湖北省60岁及以上人口			湖北省城镇60岁及以上人口			湖北省农村60岁及以上人口		
	总计	男性	女性	总计	男性	女性	总计	男性	女性
2022	12736248	6249116	6487132	7027011	3449506	3577505	5709237	2799610	2909627
2023	13542316	6645345	6896971	7598713	3734185	3864528	5943603	2911160	3032443
2024	14161421	6942179	7219242	8068361	3964794	4103567	6093060	2977385	3115675
2025	14787666	7245265	7542401	8535205	4194715	4340490	6252461	3050550	3201911
2026	15318569	7496430	7822139	8956054	4398071	4557983	6362515	3098359	3264156
2027	15717617	7679004	8038613	9308162	4565609	4742553	6409455	3113395	3296060
2028	16325539	7967217	8358322	9819229	4813297	5005932	6506310	3153920	3352390
2029	16826296	8201170	8625126	10282063	5035533	5246530	6544233	3165637	3378596
2030	17408628	8476594	8932034	10804848	5288478	5516370	6603780	3188116	3415664
2031	17795699	8652209	9143490	11216591	5483175	5733416	6579108	3169034	3410074
2032	18143514	8806929	9336585	11613056	5669147	5943909	6530458	3137782	3392676
2033	18441834	8936600	9505234	11987350	5842845	6144505	6454484	3093755	3360729
2034	18678410	9034257	9644153	12325093	5996763	6328330	6353317	3037494	3315823
2035	18833138	9091399	9741739	12614568	6126133	6488435	6218570	2965266	3253304
2036	18936012	9121951	9814061	12874274	6237618	6636656	6061738	2884333	3177405

续表4-8

年份	湖北省60岁及以上人口			湖北省城镇60岁及以上人口			湖北省农村60岁及以上人口		
	总计	男性	女性	总计	男性	女性	总计	男性	女性
2037	18932430	9099574	9832856	13057983	6310822	6747161	5874447	2788752	3085695
2038	18956351	9089710	9866641	13267416	6395483	6871933	5688935	2694227	2994708
2039	18977547	9080060	9897487	13478679	6481460	6997219	5498868	2598600	2900268
2040	18954563	9047179	9907384	13639293	6541617	7097676	5315270	2505562	2809708
2041	18919804	9006141	9913663	13778477	6589345	7189132	5141327	2416796	2724531
2042	18962766	9002427	9960339	13982068	6667249	7314819	4980698	2335178	2645520
2043	18893084	8943684	9949400	14093410	6700181	7393229	4799674	2243503	2556171
2044	18817098	8881884	9935214	14194096	6727750	7466346	4623002	2154134	2468868
2045	18735680	8818026	9917654	14286059	6751424	7534635	4449621	2066602	2383019
2046	18807686	8835760	9971926	14498597	6841211	7657386	4309089	1994549	2314540
2047	18978523	8905720	10072803	14789924	6972716	7817208	4188599	1933004	2255595
2048	19093568	8949869	10143699	15039371	7084666	7954705	4054197	1865203	2188994
2049	19275506	9028980	10246526	15348241	7226773	8121468	3927265	1802207	2125058
2050	19506187	9136574	10369613	15679679	7382950	8296729	3825508	1753624	2072884
2051	19583999	9187847	10396152	15903495	7500755	8402740	3680504	1687092	1993412
2052	19626342	9224320	10402022	16091279	7602722	8488557	3535063	1621598	1913465

续表4-8

年份	湖北省60岁及以上人口			湖北省城镇60岁及以上人口			湖北省农村60岁及以上人口		
	总计	男性	女性	总计	男性	女性	总计	男性	女性
2053	19662176	9258206	10403970	16269285	7700000	8569285	3392891	1558206	1834685
2054	19606912	9247128	10359784	16357145	7752639	8604506	3249767	1494489	1755278
2055	19502575	9216132	10286443	16381799	7777555	8604244	3120776	1438577	1682199
2056	19133623	9049469	10084154	16177980	7685220	8492760	2955643	1364249	1591394
2057	18749728	8877118	9872610	15952895	7584001	8368894	2796833	1293117	1503716
2058	18372402	8710576	9661826	15725206	7484080	8241126	2647196	1226496	1420700
2059	17959875	8525664	9434211	15460202	7365300	8094902	2499673	1160364	1339309
2060	17572558	8355208	9217350	15210578	7256289	7954289	2361980	1098919	1263061
2061	17192208	8185830	9006378	14956181	7143065	7813116	2238027	1042765	1193262
2062	16806951	8013837	8793114	14690776	7024548	7666228	2116175	989289	1126886
2063	16412382	7838396	8573986	14408338	6898793	7509545	2004044	939603	1064441
2064	16058413	7686205	8372208	14154852	6790476	7364376	1903561	895729	1007832
2065	15715045	7538124	8176921	13905083	6683327	7221756	1809962	854797	955165

表 4-9 所示为"全面二孩"生育意愿为 20.5％时,湖北省 65 岁及以上人口的变化情况。从表 4-9 可以看出,湖北省 65 岁及以上人口数量的变化趋势与 60 岁及以上人口数量的变化趋势比较类似。湖北省 65 岁及以上人口数量首先呈现波动上升趋势,直至 2058 年达到峰值(与湖北省 60 岁及以上人口数量峰值的出现时点比较接近),为 1569.25 万人,2059 年及以后呈现下降趋势,2065 年下降为 1376.55 万人。

湖北省城镇 65 岁及以上人口数量至 2059 年达到峰值,为 1346.65 万人,2060 年及以后呈现下降趋势,2065 年下降为 1220.50 万人。湖北省农村 65 岁及以上人口数量呈现缓慢上升的趋势,2035 年达到峰值,为 507.30 万人,2036 年及以后呈现下降趋势,2065 年下降为 156.04 万人。

可以看出,随着城镇化的推进,未来湖北省城镇的老年人口数量远远多于湖北省农村的老年人口数量。

（三）人口老龄化程度的变化趋势

以上分析了湖北省老年人口数量的变化情况,下面来分析湖北省老年人口占总人口的比重,即湖北省老龄化程度的变化趋势,用 60 岁及以上人口占总人口的比重和 65 岁及以上人口占总人口的比重来衡量。

表 4-10 所示为"全面二孩"生育意愿为 20.5％时,湖北省 60 岁及以上人口占比的预测结果。从表 4-10 可以看出,如果"全面二孩"生育意愿为 20.5％,2022 年湖北省 60 岁及以上人口占总人口的比重为 22.00％,此后湖北省 60 岁及以上人口占总人口的比重呈现快速上升的趋势,截至 2065 年达到 41.19％。

2022 年湖北省城镇和农村 60 岁及以上人口占总人口的比重分别为 19.75％和 25.58％,2023 年及以后呈现上升趋势,2046 年湖北省城镇 60 岁及以上人口占总人口的比重(38.31％)开始超过农村(37.82％),2065 年湖北省城镇和农村 60 岁及以上人口占总人口的比重分别为 42.91％和 31.45％。

可见,2046 年及以后湖北省农村老龄化程度一直低于城镇老龄化程度,这是因为农村的人口再生产能力强于城镇的人口再生产能力,即湖北省农村妇女总和生育率高于城镇妇女总和生育率。

表 4-11 所示为湖北省 65 岁及以上人口占比的预测结果。如果"全面二孩"生育意愿为 20.5％,2022 年湖北省 65 岁及以上人口占总人口的比重为 16.32％,此后湖北省 65 岁及以上人口占总人口的比重呈现上升趋势,截至 2065 年达到 36.08％。

2022 年湖北省城镇和农村 65 岁及以上人口占总人口的比重分别为 14.60％和 19.06％,以后逐渐呈上升趋势,2048 年湖北省城镇 65 岁及以上人口占总人口的比重(31.53％)开始超过农村 65 岁及以上人口占总人口的比重(31.33％),截至 2065 年,湖北省城镇和农村 65 岁及以上人口占总人口的比重分别达到 37.65％和 27.12％。

同样,2048 年及以后湖北省农村 65 岁及以上人口占总人口的比重一直低于城镇,这也是因为湖北省农村的人口再生产能力强于城镇的人口再生产能力。

表 4-9 湖北省 65 岁及以上人口数量的预测结果（"全面二孩"生育意愿为 20.5%）

单位：人

年份	湖北省 65 岁及以上人口			湖北省城镇 65 岁及以上人口			湖北省农村 65 岁及以上人口		
	总计	男性	女性	总计	男性	女性	总计	男性	女性
2022	9445283	4591633	4853650	5192431	2518934	2673497	4252852	2072699	2180153
2023	9780551	4751093	5029458	5459396	2647841	2811555	4321155	2103252	2217903
2024	9937526	4819956	5117570	5633149	2729352	2903797	4304377	2090604	2213773
2025	10135406	4906113	5229293	5827992	2820579	3007413	4307414	2085534	2221880
2026	10210831	4927353	5283478	5946902	2872125	3074777	4263929	2055228	2208701
2027	10650469	5134464	5516005	6271790	3029647	3242143	4378679	2104817	2273862
2028	11363345	5480293	5883052	6784806	3282103	3502703	4578539	2198190	2380349
2029	11895095	5730997	6164098	7193896	3480068	3713828	4701199	2250929	2450270
2030	12431854	5986793	6445061	7599518	3677077	3922441	4832336	2309716	2522620
2031	12875091	6192344	6682747	7956451	3846479	4109972	4918640	2345865	2572775
2032	13190793	6332431	6858362	8242637	3979416	4263221	4948156	2353015	2595141
2033	13706242	6572874	7133368	8682594	4189279	4493315	5023648	2383595	2640053
2034	14116750	6760966	7355784	9071587	4372680	4698907	5045163	2388286	2656877
2035	14598399	6985357	7613042	9525373	4588903	4936470	5073026	2396454	2676572
2036	14891257	7114301	7776956	9867238	4747038	5120200	5024019	2367263	2656756

续表 4-9

年份	湖北省 65 岁及以上人口			湖北省城镇 65 岁及以上人口			湖北省农村 65 岁及以上人口		
	总计	男性	女性	总计	男性	女性	总计	男性	女性
2037	15145776	7223403	7922373	10191251	4895429	5295822	4954525	2327974	2626551
2038	15353462	7309160	8044302	10491645	5030962	5460683	4861817	2278198	2583619
2039	15503410	7365361	8138049	10755038	5146650	5608388	4748372	2218711	2529661
2040	15582261	7386675	8195586	10962009	5234148	5727861	4620252	2152527	2467725
2041	15612166	7383314	8228852	11138172	5303657	5834515	4473994	2079657	2394337
2042	15541088	7330662	8210426	11239074	5335930	5903144	4302014	1994732	2307282
2043	15499230	7291767	8207463	11364807	5379581	5985226	4134423	1912186	2222237
2044	15458248	7255183	8203065	11492484	5424948	6067536	3965764	1830235	2135529
2045	15371329	7195535	8175794	11578508	5449507	6129001	3792821	1746028	2046793
2046	15278901	7131407	8147494	11645623	5463436	6182187	3633278	1667971	1965307
2047	15267286	7106184	8161102	11776900	5507612	6269288	3490386	1598572	1891814
2048	15151187	7030537	8120650	11819240	5509047	6310193	3331947	1521490	1810457
2049	15033319	6954088	8079231	11853477	5506611	6346866	3179842	1447477	1732365
2050	14920498	6880983	8039515	11874282	5498741	6375541	3046216	1382242	1663974
2051	14961384	6888968	8072416	12023509	5560232	6463277	2937875	1328736	1609139
2052	15105001	6950517	8154484	12254564	5664728	6589836	2850437	1285789	1564648

续表4-9

年份	湖北省 65 岁及以上人口			湖北省城镇 65 岁及以上人口			湖北省农村 65 岁及以上人口		
	总计	男性	女性	总计	男性	女性	总计	男性	女性
2053	15196625	6988299	8208326	12443775	5750003	6693772	2752850	1238296	1514554
2054	15356520	7060614	8295906	12692056	5864569	6827487	2664464	1196045	1468419
2055	15561606	7158953	8402653	12974282	5998041	6976241	2587324	1160912	1426412
2056	15624290	7205633	8418657	13144721	6091356	7053365	2479569	1114277	1365292
2057	15657875	7240559	8417316	13283555	6171183	7112372	2374320	1069376	1304944
2058	15692540	7276873	8415667	13417791	6249455	7168336	2274749	1027418	1247331
2059	15643083	7272321	8370762	13466507	6286437	7180070	2176576	985884	1190692
2060	15553790	7251765	8302025	13461364	6300297	7161067	2092426	951468	1140958
2061	15208687	7101261	8107426	13233112	6200910	7032202	1975575	900351	1075224
2062	14854971	6947406	7907565	12990564	6095649	6894915	1864407	851757	1012650
2063	14505927	6798611	7707316	12745745	5991966	6753779	1760182	806645	953537
2064	14121129	6632093	7489036	12464489	5870645	6593844	1656640	761448	895192
2065	13765492	6480728	7284764	12205047	5761181	6443866	1560445	719547	840898

表 4-10　湖北省 60 岁及以上人口占比的预测结果（"全面二孩"生育意愿为 20.5%）

年份	湖北省 60 岁及以上人口占比			湖北省城镇 60 岁及以上人口占比			湖北省农村 60 岁及以上人口占比		
	总计	男性	女性	总计	男性	女性	总计	男性	女性
2022	22.00%	21.02%	23.03%	19.75%	18.89%	20.66%	25.58%	24.42%	26.82%
2023	23.46%	22.43%	24.56%	21.12%	20.22%	22.07%	27.34%	26.08%	28.67%
2024	24.63%	23.53%	25.80%	22.20%	21.25%	23.19%	28.82%	27.44%	30.27%
2025	25.82%	24.65%	27.04%	23.29%	22.30%	24.34%	30.30%	28.82%	31.85%
2026	26.85%	25.62%	28.15%	24.26%	23.21%	25.36%	31.62%	30.04%	33.27%
2027	27.68%	26.38%	29.06%	25.04%	23.94%	26.20%	32.70%	31.02%	34.46%
2028	28.90%	27.52%	30.36%	26.25%	25.08%	27.48%	34.12%	32.32%	36.00%
2029	29.96%	28.50%	31.49%	27.32%	26.09%	28.62%	35.31%	33.41%	37.30%
2030	31.16%	29.62%	32.77%	28.60%	27.30%	29.97%	36.49%	34.48%	38.59%
2031	32.03%	30.41%	33.72%	29.59%	28.21%	31.04%	37.26%	35.16%	39.45%
2032	32.84%	31.15%	34.62%	30.54%	29.08%	32.07%	37.93%	35.73%	40.22%
2033	33.59%	31.81%	35.45%	31.43%	29.89%	33.05%	38.48%	36.19%	40.87%
2034	34.24%	32.38%	36.18%	32.24%	30.61%	33.95%	38.92%	36.53%	41.39%
2035	34.75%	32.81%	36.79%	32.92%	31.21%	34.72%	39.17%	36.70%	41.74%
2036	35.19%	33.16%	37.31%	33.54%	31.72%	35.44%	39.31%	36.78%	41.93%

续表4-10

年份	湖北省60岁及以上人口占比			湖北省城镇60岁及以上人口占比			湖北省农村60岁及以上人口占比		
	总计	男性	女性	总计	男性	女性	总计	男性	女性
2037	35.45%	33.34%	37.65%	33.96%	32.05%	35.97%	39.26%	36.68%	41.93%
2038	35.77%	33.57%	38.06%	34.46%	32.45%	36.58%	39.24%	36.59%	41.96%
2039	36.10%	33.82%	38.49%	34.98%	32.86%	37.21%	39.19%	36.49%	41.96%
2040	36.34%	33.97%	38.82%	35.44%	33.21%	37.78%	38.90%	36.15%	41.73%
2041	36.58%	34.11%	39.16%	35.86%	33.51%	38.32%	38.68%	35.86%	41.58%
2042	36.99%	34.40%	39.69%	36.46%	33.98%	39.06%	38.56%	35.67%	41.53%
2043	37.20%	34.50%	40.01%	36.85%	34.24%	39.58%	38.28%	35.31%	41.33%
2044	37.42%	34.60%	40.35%	37.22%	34.49%	40.08%	38.02%	34.97%	41.16%
2045	37.64%	34.71%	40.69%	37.60%	34.74%	40.59%	37.78%	34.64%	41.01%
2046	38.19%	35.16%	41.36%	38.31%	35.34%	41.41%	37.82%	34.55%	41.17%
2047	38.98%	35.84%	42.25%	39.26%	36.19%	42.47%	38.03%	34.64%	41.51%
2048	39.68%	36.44%	43.06%	40.12%	36.95%	43.44%	38.13%	34.61%	41.73%
2049	40.55%	37.21%	44.03%	41.17%	37.90%	44.59%	38.30%	34.67%	42.02%
2050	41.52%	38.09%	45.10%	42.39%	39.02%	45.91%	38.33%	34.63%	42.14%
2051	42.20%	38.77%	45.78%	43.27%	39.90%	46.80%	38.13%	34.43%	41.94%
2052	42.82%	39.40%	46.40%	44.08%	40.71%	47.62%	37.89%	34.21%	41.68%

续表4-10

年份	湖北省60岁及以上人口占比			湖北省城镇60岁及以上人口占比			湖北省农村60岁及以上人口占比		
	总计	男性	女性	总计	男性	女性	总计	男性	女性
2053	43.46%	40.04%	47.03%	44.90%	41.53%	48.44%	37.65%	34.00%	41.41%
2054	43.91%	40.51%	47.47%	45.50%	42.14%	49.03%	37.35%	33.75%	41.08%
2055	44.27%	40.90%	47.80%	45.94%	42.61%	49.44%	37.17%	33.63%	40.85%
2056	44.03%	40.70%	47.53%	45.76%	42.45%	49.24%	36.50%	33.03%	40.11%
2057	43.75%	40.46%	47.21%	45.52%	42.24%	48.96%	35.82%	32.43%	39.35%
2058	43.48%	40.24%	46.88%	45.28%	42.05%	48.68%	35.16%	31.87%	38.62%
2059	43.11%	39.92%	46.46%	44.94%	41.75%	48.29%	34.45%	31.24%	37.82%
2060	42.79%	39.66%	46.08%	44.63%	41.50%	47.93%	33.79%	30.68%	37.07%
2061	42.47%	39.39%	45.72%	44.31%	41.23%	47.57%	33.22%	30.19%	36.41%
2062	42.12%	39.10%	45.32%	43.96%	40.91%	47.17%	32.66%	29.72%	35.76%
2063	41.74%	38.78%	44.88%	43.55%	40.56%	46.72%	32.15%	29.31%	35.16%
2064	41.46%	38.56%	44.53%	43.23%	40.31%	46.34%	31.77%	29.03%	34.68%
2065	41.19%	38.35%	44.19%	42.91%	40.05%	45.96%	31.45%	28.82%	34.26%

注:60岁及以上人口占比=60岁及以上人口/总人口×100%。

表 4-11　湖北省 65 岁及以上人口占比的预测结果（"全面二孩"生育意愿为 20.5%）

年份	湖北省 65 岁及以上人口占比			湖北省城镇 65 岁及以上人口占比			湖北省农村 65 岁及以上人口占比		
	总计	男性	女性	总计	男性	女性	总计	男性	女性
2022	16.32%	15.44%	17.23%	14.60%	13.79%	15.44%	19.06%	18.08%	20.09%
2023	16.95%	16.03%	17.91%	15.18%	14.34%	16.06%	19.88%	18.84%	20.97%
2024	17.28%	16.33%	18.29%	15.50%	14.63%	16.41%	20.36%	19.27%	21.51%
2025	17.69%	16.69%	18.75%	15.90%	15.00%	16.86%	20.87%	19.71%	22.10%
2026	17.90%	16.84%	19.02%	16.11%	15.16%	17.11%	21.19%	19.93%	22.51%
2027	18.76%	17.64%	19.94%	16.87%	15.88%	17.91%	22.34%	20.97%	23.77%
2028	20.12%	18.93%	21.37%	18.13%	17.10%	19.23%	24.01%	22.53%	25.56%
2029	21.18%	19.91%	22.51%	19.12%	18.03%	20.26%	25.36%	23.75%	27.05%
2030	22.25%	20.92%	23.65%	20.12%	18.98%	21.31%	26.70%	24.98%	28.50%
2031	23.17%	21.77%	24.64%	20.99%	19.79%	22.25%	27.86%	26.03%	29.76%
2032	23.88%	22.40%	25.43%	21.67%	20.41%	23.00%	28.74%	26.79%	30.77%
2033	24.96%	23.40%	26.60%	22.77%	21.43%	24.17%	29.95%	27.88%	32.10%
2034	25.88%	24.23%	27.60%	23.73%	22.32%	25.21%	30.90%	28.72%	33.17%
2035	26.94%	25.21%	28.75%	24.86%	23.38%	26.42%	31.96%	29.66%	34.34%
2036	27.67%	25.87%	29.57%	25.70%	24.14%	27.34%	32.58%	30.18%	35.06%

续表4-11

年份	湖北省65岁及以上人口占比			湖北省城镇65岁及以上人口占比			湖北省农村65岁及以上人口占比		
	总计	男性	女性	总计	男性	女性	总计	男性	女性
2037	28.36%	26.47%	30.33%	26.51%	24.86%	28.23%	33.11%	30.62%	35.69%
2038	28.97%	27.00%	31.03%	27.25%	25.52%	29.07%	33.53%	30.94%	36.20%
2039	29.49%	27.44%	31.65%	27.91%	26.09%	29.82%	33.84%	31.16%	36.60%
2040	29.88%	27.74%	32.11%	28.48%	26.57%	30.49%	33.81%	31.06%	36.65%
2041	30.19%	27.96%	32.51%	28.98%	26.97%	31.10%	33.66%	30.86%	36.54%
2042	30.31%	28.01%	32.72%	29.31%	27.19%	31.52%	33.30%	30.47%	36.22%
2043	30.52%	28.13%	33.01%	29.71%	27.49%	32.04%	32.97%	30.09%	35.93%
2044	30.74%	28.27%	33.31%	30.14%	27.81%	32.57%	32.62%	29.71%	35.60%
2045	30.88%	28.33%	33.54%	30.47%	28.04%	33.02%	32.20%	29.27%	35.22%
2046	31.03%	28.38%	33.79%	30.77%	28.22%	33.44%	31.88%	28.89%	34.95%
2047	31.36%	28.60%	34.23%	31.26%	28.58%	34.06%	31.69%	28.65%	34.81%
2048	31.49%	28.63%	34.47%	31.53%	28.74%	34.46%	31.33%	28.24%	34.52%
2049	31.63%	28.66%	34.72%	31.80%	28.88%	34.85%	31.01%	27.85%	34.26%
2050	31.76%	28.69%	34.97%	32.10%	29.06%	35.28%	30.52%	27.30%	33.83%
2051	32.24%	29.07%	35.55%	32.71%	29.58%	36.00%	30.43%	27.11%	33.85%
2052	32.96%	29.69%	36.38%	33.57%	30.34%	36.97%	30.55%	27.13%	34.09%

续表4-11

年份	湖北省65岁及以上人口占比			湖北省城镇65岁及以上人口占比			湖北省农村65岁及以上人口占比		
	总计	男性	女性	总计	男性	女性	总计	男性	女性
2053	33.59%	30.22%	37.10%	34.35%	31.01%	37.84%	30.54%	27.02%	34.19%
2054	34.39%	30.93%	38.02%	35.31%	31.87%	38.90%	30.62%	27.01%	34.37%
2055	35.33%	31.77%	39.05%	36.39%	32.86%	40.09%	30.82%	27.14%	34.64%
2056	35.96%	32.41%	39.68%	37.18%	33.65%	40.89%	30.62%	26.98%	34.41%
2057	36.54%	33.00%	40.25%	37.90%	34.37%	41.61%	30.41%	26.82%	34.15%
2058	37.14%	33.61%	40.83%	38.64%	35.11%	42.34%	30.22%	26.69%	33.90%
2059	37.55%	34.05%	41.23%	39.14%	35.63%	42.83%	30.00%	26.55%	33.63%
2060	37.87%	34.42%	41.50%	39.50%	36.03%	43.15%	29.94%	26.56%	33.49%
2061	37.57%	34.17%	41.15%	39.21%	35.79%	42.82%	29.35%	26.07%	32.81%
2062	37.23%	33.89%	40.75%	38.87%	35.50%	42.42%	28.77%	25.59%	32.14%
2063	36.89%	33.63%	40.35%	38.53%	35.23%	42.01%	28.24%	25.16%	31.50%
2064	36.46%	33.27%	39.84%	38.07%	34.85%	41.49%	27.65%	24.68%	30.80%
2065	36.08%	32.97%	39.37%	37.65%	34.52%	41.01%	27.12%	24.26%	30.16%

注:65岁及以上人口占比=65岁及以上人口/总人口×100%。

第四节　精 算 模 型

为了便于评估"减税降费"背景下湖北省城镇职工基本养老保险基金的可持续性,本书首先分析无政策干预(未实施"减税降费"政策、未实施社会保险费征收体制改革、未延迟退休年龄、未提升"全面二孩"生育意愿)下,湖北省城镇职工基本养老保险基金的财务运行状况;其次分析仅实施"减税降费"政策(降低养老保险缴费率)但无其他政策干预的情况下,湖北省城镇职工基本养老保险基金的财务运行状况;最后分析在"减税降费"的背景下,各项政策调整方案(社会保险费征收体制改革、延迟退休年龄和提升"全面二孩"生育意愿)对湖北省城镇职工基本养老保险基金财务运行状况的影响,以期综合评价"减税降费"政策的效果。

为了更加全面地考察"减税降费"政策的效应,精算分析的起止时间分别为2022年和2065年,时长约为43年,为中长期精算预测。

一、精算模型构建

在精算领域,通过分析城镇职工基本养老保险基金的财务运行状况(基金收入、基金支出、当期结余和累计结余)可以判断城镇职工基本养老保险基金的可持续性。如果基金累计结余大于零,则代表基金可持续;如果基金累计结余小于零,则代表基金不可持续。因此,在后面的分析中,通过建立城镇职工基本养老保险基金精算模型来分析城镇职工基本养老保险基金的财务运行状况,并进一步判断城镇职工基本养老保险基金的可持续性,以期判断在"减税降费"背景下,湖北省城镇职工基本养老保险基金是否具备可持续性。

1997年颁布的《国务院关于建立统一的企业职工基本养老保险制度的决定》(国发〔1997〕26号文件)标志着城镇职工基本养老保险制度的建立,2005年颁布的《国务院关于完善企业职工基本养老保险制度的决定》(国发〔2005〕38号文件)对国发〔1997〕26号文件的部分规定进行了修正。这两项文件适用的人群不同,为了研究方便,本书将参保职工细分为老人、老中人、新中人和新人。

(1)老人为国发〔1997〕26号文件实施前退休的人员,领取基础养老金;

(2)老中人为国发〔1997〕26号文件实施前参加工作、国发〔1997〕26号文件实施后至国发〔2005〕38号文件实施前退休的人员,领取基础养老金、个人账户养老金和过渡性养老金;

(3)新中人为国发〔1997〕26号文件实施前参加工作、国发〔2005〕38号文件实施后退休的人员,同样领取基础养老金、个人账户养老金和过渡性养老金;

(4)新人为国发〔1997〕26号文件实施后参加工作的人员,领取基础养老金和个人账户养老金,具体分类详见表4-12。

表 4-12　参保职工的分类

职工分类	对应时间	养老金计发办法参照文件	2022 年的年龄区间
老人	国发〔1997〕26 号文件实施前退休的人员	参照国发〔1997〕26 号文件，计发基础养老金	男　性[85,100] 女干部[80,100] 女工人[75,100]
老中人	国发〔1997〕26 号文件实施前参加工作、国发〔1997〕26 号文件实施后至国发〔2005〕38 号文件实施前退休的人员	参照国发〔1997〕26 号文件，计发基础养老金、个人账户养老金和过渡性养老金	男　性[77,84] 女干部[72,79] 女工人[67,74]
新中人	国发〔1997〕26 号文件实施前参加工作、国发〔2005〕38 号文件实施后退休的人员	参照国发〔2005〕38 号文件，计发基础养老金、个人账户养老金和过渡性养老金	男　性[47,76] 女干部[47,71] 女工人[47,66]
新人	国发〔1997〕26 号文件实施后参加工作的人员	参照国发〔2005〕38 号文件，计发基础养老金和个人账户养老金	男　性[22,46] 女干部[22,46] 女工人[22,46]

注：根据国发〔1997〕26 号文件和国发〔2005〕38 号文件整理。假定城镇职工最初参加养老保险的年龄为 22 岁①；老人仅计发基础养老金，过渡性养老金仅为老中人和新中人计发。

根据 2014 年人力资源和社会保障事业发展统计公报，截至 2014 年年底，共有 13 个省（区、市）做实个人账户。可见，个人账户做实进程缓慢，现阶段几乎处于停滞不前的状态。2015 年及以后，人力资源和社会保障事业发展统计公报不再公布做实个人账户的省份。为了研究方便，现假设我国（含湖北省）未做实个人账户，那么，个人账户仅记录参保职工的缴费记录，为日后政府发放参保职工的个人账户养老金及返还个人账户余额提供数值依据。同时，个人账户缴费收入与统筹基金缴费收入全部进入统一的财政账户，用于支付参保职工的基础养老金、过渡性养老金、个人账户养老金和个人账户返还性支出。

个人账户返还性支出是指如果参保职工在缴纳养老保险费或领取养老金的过程中死亡，政府会退还参保职工的个人账户余额给其法定继承人。不仅如此，如果参保职工在个人账户余额用尽后仍存活[②]，政府会为参保职工继续发放个人账户养老金。

---

①　详见本章"精算模型参数设定与说明"。

②　60 岁退休的男性职工个人账户养老金的计发月数为 139 个月，如果其在 71.58（＝60＋139/12）岁及以后仍存活，政府会继续为其发放个人账户养老金。也就是说，个人账户养老金发放至参保职工死亡时为止。

（一）城镇职工基本养老保险基金收入模型

t 年城镇职工基本养老保险基金收入等于 t 年参保在职职工人数乘以 t 年城镇职工基本养老保险缴费基数再乘以 t 年城镇职工基本养老保险缴费率，具体表达式如下：

$$(AI)_t^e = (\sum_{i=1}^{4}\sum_{j=1}^{3}\sum_{x=a_t^j}^{b_t^j-1} N_{t;x}^{i,j}) \times \overline{w}_t \times R_t^e = (\sum_{i=1}^{4}\sum_{j=1}^{3}\sum_{x=a_t^j}^{b_t^j-1} N_{t;x}^{i,j}) \times \overline{w}_{t_0-1} \times \prod_{s=t_0}^{t}(1+k_s) \times R_t^e$$

(4-14)

式中　$(AI)_t^e$——t 年城镇职工基本养老保险基金收入；

i——第一类细分，$i=1,2,3,4$，分别代表老人、老中人、新中人和新人；

j——第二类细分，$j=1,2,3$，分别代表男性、女干部和女工人；

$N_{t;x}^{i,j}$——t 年 x 岁的第 i、j 类的参保职工人数；

a_t^j, b_t^j——t 年第 j 类参保职工最初参加城镇职工基本养老保险的年龄和退休年龄；

$\sum_{i=1}^{4}\sum_{j=1}^{3}\sum_{x=a_t^j}^{b_t^j-1} N_{t;x}^{i,j}$——（参保）在职职工人数；

$\overline{w}_t$——t 年城镇职工基本养老保险人均缴费基数；

t_0——精算分析的起始时间；

k_t——t 年缴费基数增长率；

R_t^e——t 年城镇职工基本养老保险缴费率。

（二）城镇职工基本养老保险基金支出模型

t 年城镇职工基本养老保险基金支出 $(AC)_t^e$ 由 t 年基础养老金支出 $(AC)_{t,b}^e$、t 年过渡性养老金支出 $(AC)_{t,g}^e$ 和 t 年个人账户养老金支出 $(AC)_{t,i}^{e,1}$ 构成，用公式表达为：

$$(AC)_t^e = (AC)_{t,b}^e + (AC)_{t,g}^e + (AC)_{t,i}^{e,1}$$

(4-15)

（1）基础养老金支出模型

t 年基础养老金支出等于 t 年参保退休职工人数乘以 t 年人均基础养老金，t 年人均基础养老金等于计发基数乘以基础养老金计发比例乘以增长系数[①]，具体表达式如下：

$$(AC)_{t,b}^e = \sum_{i=1}^{4}\sum_{j=1}^{3}\sum_{x=b_t^j}^{c_t^j}\left[N_{t;x}^{i,j} \times \overline{B}_{t;x}^{i,j} \times s_{t;x}^{i,j} \times \prod_{s=t-x+b_t^j}^{t}(1+g_s)\right]$$

(4-16)

式中　c_t^j——t 年第 j 类参保职工的最大生存年龄；

$\overline{B}_{t;x}^{i,j}$——t 年 x 岁的第 i、j 类参保职工基础养老金的计发基数，老人和老中人基础养老金的年计发基数为其退休前一年的年社会平均工资，新中

---

① 国发〔2005〕38 号文件指出，适时调整退休人员基本养老金水平，调整幅度为平均工资增长率的一定比例。

人和新人基础养老金的年计发基数为其退休前一年的年社会平均工资和指数化年平均缴费基数；

$s_{t,x}^{i,j}$——t 年 x 岁的第 i、j 类参保职工基础养老金的计发比例；

g_t——t 年基础养老金的增长率；

$1+g_t$——t 年基础养老金的增长系数。

（2）过渡性养老金支出模型

t 年过渡性养老金支出等于 t 年退休老中人和退休新中人的人数乘以 t 年人均过渡性养老金，t 年人均过渡性养老金等于计发基数乘以视同缴费年限乘以过渡性养老金的年计发比例乘以增长系数，具体表达式如下：

$$(AC)_{t,g}^e = \sum_{i=2}^{3} \sum_{j=1}^{3} \sum_{x=b_t^i}^{c_t^i} \left\{ N_{t,x}^{i,j} \times \overline{G}_{t,x}^{i,j} \times [1998-(t-x+a_t^j)] \times v_{t,x}^{i,j} \times \prod_{s=t-x+b_t^i}^{t} (1+g_s) \right\}$$

$$(4\text{-}17)$$

式中 $\overline{G}_{t,x}^{i,j}$——t 年 x 岁的第 i、j 类参保职工过渡性养老金的计发基数，老中人和新中人过渡性养老金的年计发基数分别为其退休前一年的年社会平均工资和指数化年平均缴费基数；

$[1998-(t-x+a_t^j)]$——第 j 类参保职工的视同缴费年限①；

$v_{t,x}^{i,j}$——t 年 x 岁的第 i、j 类参保职工过渡性养老金的年计发比例，t 年过渡性养老金的增长率等于 t 年基础养老金的增长率。

（3）个人账户养老金支出模型

t 年个人账户养老金支出等于 t 年退休老中人、退休新中人和退休新人的人数乘以 t 年人均个人账户养老金，t 年人均个人账户养老金等于个人账户储存额除以计发月数乘以 12 再乘以增长系数，具体表达式如下：

$$(AC)_{t,i}^{e,1} = \sum_{i=2}^{4} \sum_{j=1}^{3} \sum_{x=b_t^i}^{c_t^i} \left\{ \left\{ N_{t,x}^{i,j} \times 12 \times \left[\sum_{s=a_t^i}^{b_t^i-1} \overline{w}_s \times R_s^{e,2} \times (1+r_e)^{b_t^i-s-1} \right] / m_t^{i,j} \right\} \right.$$
$$\left. \times \prod_{s=t-x+b_t^i}^{t} (1+g_s) \right\}$$

$$(4\text{-}18)$$

式中 r_e——城镇职工基本养老保险个人账户记账利率；

$R_s^{e,2}$——s 年城镇职工基本养老保险个人账户的缴费率；

$m_t^{i,j}$——t 年第 i、j 类参保职工个人账户养老金的计发月数，t 年个人账户养老金的增长率等于 t 年基础养老金的增长率。

（三）城镇职工基本养老保险基金累计结余模型

t 年城镇职工基本养老保险基金累计结余等于 $t-1$ 年基金累计结余（含利息）加

---

① 视同缴费年限为养老保险制度正式建立（即 1998 年）前，参保职工的工作年限。I 为参保职工最初参加工作的年份，因而 $[1998-(t-x+a_t^j)]$ 为视同缴费年限。

上 t 年基金当期结余(含利息),当期结余等于基金收入减去支出,具体表达如下:

$$F_t^c = F_{t-1}^c \times (1+i) + [(AI)_t^c - (AC)_t^c] \times (1+i) \qquad (4\text{-}19)$$

式中　F_t^c——t 年城镇职工基本养老保险基金累计结余;

　　　i——银行 1 年期定期存款利率(即城镇职工基本养老保险基金的保值增值率);

　　　其他符号意义与式(4-14)至式(4-18)中的符号意义一致。

二、精算模型参数设定与说明

(一)年龄参数

根据《中华人民共和国劳动法》,法定最低就业年龄为 16 岁,但是 16～20 岁城镇人口的就业率并不高(约为 10%)[①],而且大部分城镇职工为大学毕业生,其初次就业年龄约为 22 岁,因此假设参保职工最初参加城镇职工基本养老保险的年龄为 22 岁。在 2010 年第六次全国人口普查分年龄别数据中,100 岁人口和 100 岁以上人口被合并为一个年龄别(100 岁人口)进行统计,即在人口普查中,最大生存年龄默认为 100 岁。由于人口预测是以人口普查为基础的,因此可同样将最大生存年龄选择为 100 岁。

现阶段,我国(含湖北省)仍沿用原先的退休规定,即男性在 60 岁退休,女干部在 55 岁退休,女工人在 50 岁退休。《十三五规划纲要》《党的十九大报告》均指出"实施渐进式延迟退休年龄政策",可见我国(含湖北省)势必延迟退休年龄,然而具体的退休年龄方案还未公布。本书对延迟退休年龄方案作出如下设定:

(1)首先分析未延迟退休年龄情况下,湖北省城镇职工基本养老保险基金的财务运行状况。

(2)随后设定两条延迟退休年龄方案,方案一为我国(含湖北省)于 2025 年开始延迟退休年龄[②],首先,延迟女工人的退休年龄,每年延迟 6 个月,至 2031 年女工人的退休年龄达到 55 岁;其次,2032 年开始延迟女性(含女干部和女工人)的退休年龄(男性的退休年龄暂不变),每年延迟 6 个月,至 2041 年女性的退休年龄延至 60 岁;最后,2042 年开始延迟男女的退休年龄,每年延迟 6 个月,至 2051 年男女的退休年龄均延至 65 岁。

(3)方案二为我国(含湖北省)于 2025 年开始延迟退休年龄,男性、女干部和女工人均于 2025 年开始延迟退休年龄,每年延迟 6 个月。本书将在第六章再次介绍具体的延迟退休年龄方案。

(二)参保人口预测

下面介绍如何获得城镇职工基本养老保险参保人口中老人、老中人、新中人和新

---

① 详见第六次全国人口普查长表数据。

② 人力资源和社会保障部曾召开新闻发布会,表示延迟退休年龄政策将于 2025 年正式实施。

人的人数。首先,假设在同年龄别中,女干部人数和女工人人数各占城镇女性人数的50％。其次,假设 2017 年湖北省参保在职职工(1020.5 万人)与劳动年龄段城镇人口[①]的年龄分布一致。再次,按照相同步骤,假设 2017 年湖北省参保退休职工人口(526.1 万人)与退休年龄段城镇人口[②]的年龄分布一致,即可获得分年龄别的参保退休职工人数。根据表 4-12 中的这四类人口年龄区间即可得到 2017 年分年龄、性别的老人、老中人、新中人和新人的人数。最后,按照队列要素方法原理,t 年分年龄、性别的老人、老中人、新中人和新人的人数等于 $t-1$ 年分年龄、性别的老人、老中人、新中人和新人的人数乘以对应的生存概率,每年还有 22 岁的城镇职工加入新人这一人口系统。未来各年湖北省城镇职工基本养老保险参保人数的预测结果详见表 4-13 和表 4-14。

表 4-13 为如果"全面二孩"生育意愿为 20.5％且没有任何政策干预(未实施社会保险费征收体制改革、未提升"全面二孩"生育意愿、未延迟退休年龄)的情况下,湖北省城镇职工基本养老保险的参保人数。可以看出,2022 年城镇职工基本养老保险参保总人数为 1628.77 万人,2023 年及以后呈上升趋势,2050 年达到峰值,为 1955.65 万人,2051 年及以后呈下降趋势,2065 年的参保总人数为 1929.03 万人。2022 年参保在职职工人数和参保退休职工人数分别为 1041.08 万人和 587.69 万人,2023 年及以后均呈上升趋势,参保在职职工人数在 2046 年达到峰值,为 1161.48 万人,2047 年及以后参保在职职工人数呈下降趋势,2065 年为 1123.90 万人。参保退休职工人数在 2051 年前呈现上升趋势,2065 年参保退休职工人数为 805.13 万人。

根据未来各年湖北省城镇职工基本养老保险参保在职职工人数和参保退休职工人数,本书计算了未来各年的退职比(=参保退休职工人数/参保在职职工人数),即系统内抚养比,该数值越高,说明在职职工的抚养压力越高(表 4-13)。从表 4-13 可以看出,2022 年的职退比为 0.5645,即 2022 年 1.7715 位在职职工抚养 1 位退休职工,2023 年及以后退职比呈上升趋势,2065 年退职为 0.7164,即 1.3959 位在职职工需要抚养 1 位退休职工。可见,在老龄化程度不断加深的背景下,湖北省在职职工的抚养压力不断加重。

表 4-14 为湖北省老人、老中人、新中人和新人数量的变化趋势。从表 4-14 可以看出,老人、老中人和新中人的数量均呈下降趋势,这是因为老人、老中人和新中人均

---

① 劳动年龄段城镇人口数包括 22～59 岁男性人数、22～54 岁女干部人数和 22～49 岁女工人人数。

② 退休年龄段城镇人口数包括 60 岁及以上男性人数、55 岁及以上女干部人数和 50 岁及以上女工人人数。

为封闭的人口系统[①]。老人的数量从 2022 年的 65.93 万人一直下降至 2047 年的 0.23 万人,截至 2048 年,不再发生老人的养老金支出,并且老人全部为退休职工。老中人的数量从 2022 年的 103.35 万人一直下降至 2055 年的 0.39 万人,截至 2056 年,不再发生老中人的养老金支出,并且老中人也全部为退休职工。新中人的数量从 2022 年的 708.48 万人一直下降至 2065 年的 41.67 万人,2022 年在职的新中人占新中人的比重为 40.94%(＝2900749/7084809),截至 2035 年,新中人全部为退休职工。新人的数量从 2022 年的 751.00 万人增加至 2065 年的 1887.36 万人。在 2025 年及以前,新人全部为在职职工,2026 年及以后才有新人退休并开始领取养老金。

(三)缴费基数和缴费率

根据 2019 年 4 月 29 日《湖北省人民政府办公厅关于印发〈湖北省降低社会保险费率综合实施方案〉的通知》(鄂政办发〔2019〕33 号),湖北省城镇职工基本养老保险的缴费率为 24%,其中用人单位缴费率为 16%,参保在职职工(个人)缴费率为 8%。根据鄂政办发〔2019〕33 号文件可知,城镇职工基本养老保险的法定缴费基数为上年度全省城镇非私营单位就业人员平均工资和城镇私营单位就业人员平均工资加权计算的全口径城镇单位就业人员平均工资,但实际缴费基数与法定缴费基数存在差距,例如 2017 年湖北省城镇职工基本养老保险实际缴费基数为 47109.38 元(已剔除财政补贴部分),而 2017 年湖北省城镇职工基本养老保险法定缴费基数为 59831 元,湖北省城镇职工基本养老保险征缴率[②]为 78.74%(＝47109.38/59831)。为使研究更加贴近实际情况,本书以 2017 年实际缴费基数为基准,2018 年及以后的缴费基数按一定增长率增长,在后文的分析中,我们会模拟征缴率的提高(征收体制改革)对湖北省城镇职工基本养老保险基金可持续性的影响。目前,我国(含湖北省)经济进入新常态化发展路径,现假定湖北省城镇职工基本养老保险实际缴费基数的增长率与人均 GDP 增长率持平,2018—2020 年实际缴费基数增长率为 6.5%,以后每 5 年下降 0.5%,直至达到 2%(闫坤和刘陈杰,2015[③])。

---

① 封闭人口系统是指只有死亡而没有出生的人口系统,老人、老中人和新中人均属于封闭人口系统。开放人口系统是指既有死亡又有出生的人口系统,新人即属于开放人口系统。

② 城镇职工基本养老保险征缴率＝实际征缴收入/应征收入＝(参保在职职工人数×实际缴费基数×政策缴费率)/(参保在职职工人数×法定缴费基数×政策缴费率)＝实际缴费基数/法定缴费基数。

③ 闫坤,刘陈杰.我国新常态时期合理经济增速测算[J].财贸经济,2015(1):17-26.

表 4-13　湖北省城镇职工基本养老保险参保人口（无任何政策干预）

单位：人

年份	参保在职职工				参保退休职工				参保城镇职工				退职比
	总计	男性	女干部	女工人	总计	男性	女干部	女工人	总计	男性	女干部	女工人	总计
2022	10410762	5908900	2453705	2048157	5876910	2119728	1598765	2158417	16287672	8028628	4052470	4206574	0.5645
2023	10379097	5900857	2439609	2038631	6066504	2215276	1648320	2202908	16445601	8116133	4087929	4241539	0.5845
2024	10374250	5914710	2428964	2030576	6217275	2282863	1691483	2242929	16591525	8197573	4120447	4273505	0.5993
2025	10355545	5924719	2409084	2025742	6367208	2348972	1741222	2277014	16722753	8273691	4150306	4302756	0.6146
2026	10391152	5957654	2403334	2030164	6501376	2409173	1783631	2308572	16892528	8366827	4186965	4338736	0.6257
2027	10447468	6006713	2398637	2042118	6605636	2450698	1823703	2331235	17053104	8457411	4222340	4373353	0.6323
2028	10471850	6022506	2397743	2051601	6746554	2528509	1860873	2357172	17218404	8551015	4258616	4408773	0.6443
2029	10513741	6052139	2401074	2060528	6869681	2592944	1893494	2383243	17383422	8645083	4294568	4443771	0.6534
2030	10554231	6069866	2409891	2074474	6995766	2671642	1920276	2403848	17549997	8741508	4330167	4478322	0.6628
2031	10605075	6100836	2419285	2084954	7105896	2735848	1944366	2425682	17710971	8836684	4363651	4510636	0.6700
2032	10605335	6104629	2425970	2074736	7211693	2795350	1959711	2456632	17817028	8899979	4385681	4531368	0.6800
2033	10677893	6145613	2442380	2089900	7301522	2848353	1978220	2474949	17979415	8993966	4420600	4564849	0.6838
2034	10759753	6195554	2457756	2106443	7378524	2891038	1996778	2490708	18138277	9086592	4454534	4597151	0.6858
2035	10855555	6255009	2477314	2123232	7436775	2922120	2009897	2504758	18292330	9177129	4487211	4627990	0.6851
2036	10939149	6315281	2493556	2130312	7499540	2948756	2024412	2526372	18438689	9264037	4517968	4656684	0.6856
2037	11013751	6388671	2498423	2126657	7561796	2957714	2047952	2556130	18575547	9346385	4546375	4682787	0.6866
2038	11087506	6449741	2512662	2125103	7613309	2973252	2059328	2580729	18700815	9422993	4571990	4705832	0.6867
2039	11194082	6531265	2537648	2125169	7671134	2990491	2068570	2612073	18865216	9521756	4606218	4737242	0.6853

续表4-13

年份	参保在职职工				参保退休职工				参保城镇职工				退职比
	总计	男性	女干部	女工人	总计	男性	女干部	女工人	总计	男性	女干部	女工人	总计
2040	11292638	6614353	2559823	2118462	7720478	2997798	2076684	2645996	19013116	9612151	4636507	4764458	0.6837
2041	11386274	6684441	2569317	2132516	7754340	3007724	2092617	2653999	19140614	9692165	4661934	4786515	0.6810
2042	11439691	6727315	2565691	2146685	7809415	3035184	2117181	2657050	19249106	9762499	4682872	4803735	0.6827
2043	11502298	6782879	2562258	2157161	7836825	3040544	2137195	2659086	19339123	9823423	4699453	4816247	0.6813
2044	11552525	6831613	2547175	2173737	7858188	3043267	2164590	2650331	19410713	9874880	4711765	4824068	0.6802
2045	11593325	6872458	2525163	2195704	7871953	3045200	2194949	2631804	19465278	9917658	4720112	4827508	0.6790
2046	11614766	6889530	2524483	2200753	7890313	3063345	2200570	2626398	19505079	9952875	4725053	4827151	0.6793
2047	11610707	6880223	2525012	2205472	7921153	3101169	2201985	2617999	19531860	9981392	4726997	4823471	0.6822
2048	11601785	6872403	2523326	2206056	7946398	3132113	2203233	2611052	19548183	10004516	4726559	4817108	0.6849
2049	11584799	6845666	2529535	2209598	7971265	3177588	2194658	2599019	19556064	10023254	4724193	4808617	0.6881
2050	11559820	6809053	2542990	2207777	7996683	3229005	2177178	2590500	19556503	10038058	4720168	4798277	0.6918
2051	11560841	6814076	2541427	2205338	7990589	3235832	2173477	2581280	19551430	10049908	4714904	4786618	0.6912
2052	11567318	6822590	2540984	2203744	7974510	3236601	2167714	2570195	19541828	10059191	4708698	4773939	0.6894
2053	11569681	6829148	2537678	2202855	7957398	3236483	2163660	2557255	19527079	10065631	4701338	4760110	0.6878
2054	11582613	6850765	2538340	2193508	7927287	3219700	2155203	2552384	19509900	10070465	4693543	4745892	0.6844
2055	11601786	6883490	2534495	2183801	7888043	3189998	2150627	2547418	19489829	10073488	4685122	4731219	0.6799
2056	11583268	6880784	2530806	2171678	7886213	3195140	2145934	2545139	19469481	10075924	4676740	4716817	0.6808
2057	11565610	6878612	2528635	2158363	7883629	3199299	2139823	2544507	19449239	10077911	4668458	4702870	0.6816
2058	11540064	6868497	2527612	2143955	7887858	3210405	2132285	2545168	19427922	10078902	4659897	4689123	0.6835

续表4-13

年份	参保在职工				参保退休职工				参保城镇职工				退职比
	总计	男性	女干部	女工人	总计	男性	女干部	女工人	总计	男性	女干部	女工人	总计
2059	11515195	6866781	2518485	2129929	7893867	3214457	2133138	2546272	19409062	10081238	4651623	4676201	0.6855
2060	11488209	6853317	2509160	2125732	7904177	3230455	2134896	2538826	19392386	10083772	4644056	4664558	0.6880
2061	11444164	6835541	2497467	2107156	7930832	3246125	2138682	2546025	19374996	10085666	4636149	4653181	0.6930
2062	11400964	6828558	2484558	2087848	7958785	3259324	2144308	2555153	19359749	10087882	4628866	4643001	0.6981
2063	11357515	6819094	2470374	2068047	7981358	3268438	2149410	2563510	19338873	10087532	4619784	4631557	0.7027
2064	11294497	6790159	2456198	2048140	8019847	3294538	2154502	2570807	19314344	10084697	4610700	4618947	0.7101
2065	11239019	6759418	2451185	2028816	8051301	3321797	2150587	2578917	19290320	10081215	4601772	4607333	0.7164

注:参保城镇职工人数=参保在职工人数+参保退休职工人数;退职比=参保退休职工人数/参保在职工人数。

表4-14 湖北省老人、老中人、新中人和新人数量的预测结果（无任何政策干预）

单位:人

年份	老人			老中人			新中人			新人		
	在职	退休	总计	在职	退休	总计	在职	退休	总计	在职	退休	总计
2022	0	659315	659315	0	1033536	1033536	2900749	4184060	7084809	7510012	0	7510012
2023	0	603233	603233	0	998939	998939	2562725	4464332	7027057	7816372	0	7816372
2024	0	548911	548911	0	962349	962349	2258109	4706014	6964123	8116142	0	8116142
2025	0	496509	496509	0	923921	923921	1948652	4946778	6895430	8410893	0	8410893
2026	0	446279	446279	0	883812	883812	1719604	5101106	6820710	8671547	70179	8741726
2027	0	398660	398660	0	842265	842265	1507662	5231754	6739416	8939806	132957	9072763
2028	0	353694	353694	0	799250	799250	1258195	5392996	6651191	9213655	200613	9414268

续表4-14

年份	老人			老中人			新中人			新人		
	在职	退休	总计	在职	退休	总计	在职	退休	总计	在职	退休	总计
2029	0	311570	311570	0	754959	754959	1022761	5533150	6555911	9490980	270002	9760982
2030	0	272705	272705	0	709742	709742	775255	5677903	6453158	9778975	335417	10114392
2031	0	236373	236373	0	663932	663932	610222	5732299	6342521	9994854	473292	10468146
2032	0	203437	203437	0	617946	617946	447929	5775934	6223863	10157406	614376	10771782
2033	0	173353	173353	0	571955	571955	289866	5806877	6096743	10388028	749338	11137366
2034	0	145807	145807	0	526292	526292	139997	5821265	5961262	10619756	885161	11504917
2035	0	121341	121341	0	481338	481338	0	5817219	5817219	10855554	1016877	11872431
2036	0	99370	99370	0	437633	437633	0	5664538	5664538	10939149	1297998	12237147
2037	0	79851	79851	0	395548	395548	0	5503512	5503512	11013751	1582885	12596636
2038	0	62818	62818	0	355155	355155	0	5334237	5334237	11087506	1861099	12948605
2039	0	49916	49916	0	314604	314604	0	5157405	5157405	11194082	2149210	13343292
2040	0	39195	39195	0	276584	276584	0	4973617	4973617	11292638	2431082	13723720
2041	0	29788	29788	0	240805	240805	0	4783079	4783079	11386274	2700667	14086941
2042	0	21851	21851	0	207735	207735	0	4586462	4586462	11439691	2993368	14433059
2043	0	15204	15204	0	177568	177568	0	4384007	4384007	11502298	3260045	14762343
2044	0	11206	11206	0	148653	148653	0	4176815	4176815	11552526	3521514	15074040
2045	0	7820	7820	0	122555	122555	0	3965678	3965678	11593325	3775898	15369223
2046	0	4920	4920	0	99436	99436	0	3751550	3751550	11614766	4034407	15649173
2047	0	2343	2343	0	81624	81624	0	3532896	3532896	11610708	4304289	15914997

续表4-14

年份	老人			老中人			新中人			新人		
	在职	退休	总计	在职	退休	总计	在职	退休	总计	在职	退休	总计
2048	0	0	0	0	66317	66317	0	3313455	3313455	11601785	4566627	16168412
2049	0	0	0	0	51245	51245	0	3094428	3094428	11584799	4825592	16410391
2050	0	0	0	0	38040	38040	0	2876479	2876479	11559819	5082164	16641983
2051	0	0	0	0	26685	26685	0	2776358	2776358	11560841	5187547	16748388
2052	0	0	0	0	19747	19747	0	2446888	2446888	11567318	5507875	17075193
2053	0	0	0	0	13615	13615	0	2236089	2236089	11569681	5707694	17277375
2054	0	0	0	0	8498	8498	0	2031307	2031307	11582612	5887481	17470093
2055	0	0	0	0	3897	3897	0	1832963	1832963	11601786	6051183	17652969
2056	0	0	0	0	0	0	0	1643030	1643030	11583267	6243182	17826449
2057	0	0	0	0	0	0	0	1459778	1459778	11565610	6423851	17989461
2058	0	0	0	0	0	0	0	1286237	1286237	11540063	6601621	18141684
2059	0	0	0	0	0	0	0	1126428	1126428	11515195	6767439	18282634
2060	0	0	0	0	0	0	0	980439	980439	11488209	6923738	18411947
2061	0	0	0	0	0	0	0	845520	845520	11444164	7085312	18529476
2062	0	0	0	0	0	0	0	724574	724574	11400963	7234210	18635173
2063	0	0	0	0	0	0	0	610775	610775	11357516	7370583	18728099
2064	0	0	0	0	0	0	0	506417	506417	11294497	7513429	18807926
2065	0	0	0	0	0	0	0	416691	416691	11239019	7634610	18873629

（四）养老金计发比例和个人账户计发月数

根据国发〔1997〕26 号文件和国发〔2005〕38 号文件的规定,现作如下设定:

（1）老人基础养老金的计发比例为 70%。

（2）老中人基础养老金的计发比例为 20%,个人账户养老金的计发月数为 120。

（3）对于新中人,基础养老金的计发比例为缴费每满 1 年,计发 1%,个人账户养老金的计发月数与退休年龄相关,如果假定我国（含湖北省）未延迟退休年龄,男性、女干部和女工人个人账户养老金的计发月数分别为 139 个月、170 个月和 195 个月。

（4）新人基础养老金的计发比例和个人账户养老金的计发月数与新中人一致。

（5）老中人和新中人过渡性养老金的年计发比例为 1.2%。

（6）基础养老金、个人账户养老金和过渡性养老金的增长率为在岗职工平均工资增长率的 90%[①]。

（五）个人账户记账利率和基金保值增值率

根据《人力资源社会保障部　财政部关于印发统一和规范职工养老保险个人账户记账利率办法的通知》（人社部发〔2017〕31 号）,城镇职工基本养老保险个人账户记账利率应主要考虑职工工资增长和基金平衡状况等因素,且不得低于银行定期存款利率,其中 2015 年和 2016 年的记账利率分别为 5% 和 8.31%。可见,城镇职工基本养老保险个人账户记账利率在近两年浮动较大。杨再贵（2018 年）[②]计算了最优个人账户记账利率。本书根据杨再贵的相关研究,设定 2018 年及以后湖北省城镇职工基本养老保险个人账户记账利率为 5%。

在现阶段,湖北省城镇职工基本养老保险基金还未投资于资本市场[③],主要存放于银行,因此本书设定基金的保值增值率为银行 1 年期整存整取存款利率,即 2.5%。

第五节　无政策干预下湖北省基本养老保险基金财务状况

无任何政策干预是指未实施"减税降费"政策（未降低养老保险缴费率）、未实施社会保险费征收体制改革（即征缴率不变）、未提升"全面二孩"生育意愿（"全面二孩"生育意愿为 20.5%）和未延迟退休年龄（男性、女干部和女工人的退休年龄分别为 60

---

① 根据《中国统计年鉴》可知,2002—2017 年人均养老金和实际缴费基数的年平均增长率分别为 10.35% 和 11.38%,也就是说,人均养老金的年平均增长率约为缴费基数的年平均增长率的 90%（＝ 10.35%/11.38%）。

② 杨再贵.现阶段背景下企业职工基本养老保险最优缴费率与最优记账利率研究［J］.华中师范大学学报:人文社会科学版,2018,57（1）:55-64.

③ 2015 年 8 月 23 日《基本养老保险基金投资管理办法》出台,政府允许部分基本养老保险基金投资进入资本市场,然而该政策还未正式实施,所以本书假定我国（含湖北省）社会养老保险基金的保值增值率仍为银行 1 年期定期存款利率。

岁、55 岁和 50 岁)。

一、基金收支运行状况的变化趋势

运用式(4-14)至式(4-19),并代入相关参数的取值,在无任何政策干预的情况下,对 2022—2065 年湖北省城镇职工基本养老保险基金的收支运行状况进行测算,具体数据见表 4-15。由表 4-15 可见,2022—2065 年城镇职工基本养老保险基金的收入和支出均呈上升趋势,基金收入从 2022 年的 1883.42 亿元上升至 2065 年的 15902.52 亿元,大约为原来的 8.44 倍,年平均增长率为 5.09%。基金支出从 2022 年的 2338.64 亿元上升至 2065 年的 20391.36 亿元,大约为原来的 8.92 倍,年平均增长率为5.22%,基金支出的年平均增长率比基金收入的年平均增长率快 0.13%(=5.22%-5.09%)。

表 4-15 湖北省城镇职工基本养老保险基金收支运行状况(无任何政策干预) 单位:亿元

年份	基金收入				基金支出			
	总计	男性	女干部	女工人	总计	男性	女干部	女工人
2022	1883.42	1068.98	443.90	370.54	2338.64	908.33	638.94	791.37
2023	2009.13	1142.25	472.25	394.63	2525.73	998.93	687.32	839.48
2024	2148.76	1225.08	503.10	420.58	2710.45	1084.83	736.79	888.83
2025	2295.92	1313.06	533.91	448.95	2908.33	1177.30	792.16	938.87
2026	2452.61	1406.18	567.26	479.17	3100.79	1269.32	845.08	986.39
2027	2626.19	1509.91	602.95	513.33	3292.53	1358.40	900.39	1033.74
2028	2803.42	1612.28	641.90	549.24	3517.28	1474.51	958.03	1084.74
2029	2997.58	1725.53	684.57	587.48	3748.03	1592.00	1017.25	1138.78
2030	3204.72	1843.07	731.75	629.90	3999.09	1727.46	1077.62	1194.01
2031	3413.37	1963.63	778.68	671.06	4239.71	1856.29	1135.55	1247.87
2032	3618.26	2082.74	827.68	707.84	4493.24	1991.07	1193.04	1309.13
2033	3861.59	2222.52	883.27	755.80	4755.28	2130.55	1256.28	1368.45
2034	4124.67	2375.02	942.16	807.49	5026.08	2271.60	1324.27	1430.21
2035	4411.08	2541.68	1006.64	862.76	5301.97	2412.70	1393.69	1495.58
2036	4689.52	2707.31	1068.97	913.24	5574.24	2547.84	1463.07	1563.33
2037	4981.19	2889.40	1129.96	961.83	5861.77	2676.54	1544.19	1641.04
2038	5290.34	3077.46	1198.90	1013.98	6163.07	2819.74	1622.05	1721.28
2039	5634.96	3287.76	1277.42	1069.78	6492.09	2975.62	1703.82	1812.65

年份	基金收入				基金支出			
	总计	男性	女干部	女工人	总计	男性	女干部	女工人
2040	5997.23	3512.71	1359.46	1125.06	6836.14	3132.09	1790.78	1913.27
2041	6349.30	3727.43	1432.72	1189.15	7164.06	3287.99	1883.00	1993.07
2042	6698.04	3938.90	1502.24	1256.90	7540.05	3475.30	1990.13	2074.62
2043	7071.44	4170.01	1575.24	1326.19	7909.12	3647.60	2100.05	2161.47
2044	7457.43	4409.97	1644.26	1403.20	8299.69	3827.29	2227.52	2244.88
2045	7857.96	4658.15	1711.56	1488.25	8709.81	4017.30	2367.92	2324.59
2046	8226.75	4879.86	1788.09	1558.80	9115.42	4226.36	2476.99	2412.07
2047	8593.95	5092.57	1868.95	1632.43	9568.10	4479.18	2587.46	2501.46
2048	8973.78	5315.68	1951.75	1706.35	10039.86	4737.89	2704.43	2597.54
2049	9363.87	5533.28	2044.60	1785.99	10549.82	5039.28	2814.16	2696.38
2050	9764.14	5751.35	2147.97	1864.82	11094.08	5372.05	2916.34	2805.69
2051	10155.60	5985.82	2232.51	1937.27	11558.06	5617.43	3032.88	2907.75
2052	10567.75	6233.03	2321.41	2013.31	12029.58	5864.94	3151.33	3013.31
2053	10992.70	6488.58	2411.12	2093.00	12525.73	6124.50	3279.16	3122.07
2054	11445.19	6769.48	2508.22	2167.49	13014.95	6360.85	3405.50	3248.60
2055	11922.70	7073.89	2604.60	2244.21	13506.11	6578.96	3545.35	3381.80
2056	12320.30	7318.60	2691.84	2309.86	14052.97	6864.78	3676.58	3511.61
2057	12732.07	7572.36	2783.66	2376.05	14624.09	7162.80	3811.36	3649.93
2058	13148.58	7825.87	2879.92	2442.79	15240.98	7494.40	3949.15	3797.43
2059	13579.46	8097.75	2969.96	2511.75	15885.07	7820.77	4111.78	3952.52
2060	14021.80	8364.74	3062.53	2594.53	16579.40	8197.51	4283.86	4098.03
2061	14387.08	8598.36	3139.70	2649.02	17268.30	8556.93	4450.76	4260.61
2062	14762.76	8842.09	3217.18	2703.49	17987.89	8924.82	4629.20	4433.87
2063	15147.69	9094.73	3294.78	2758.18	18725.84	9297.40	4815.17	4613.27
2064	15515.55	9327.82	3374.14	2813.59	19551.35	9745.27	5007.89	4798.19
2065	15902.52	9564.16	3468.28	2870.08	20391.36	10216.71	5182.90	4991.75

　　表 4-16 为湖北省城镇职工基本养老保险基金支出的详细情况。从表 4-16 可以看出,基础养老金支出从 2022 年的 1426.40 亿元上升至 2065 年的 12823.62 亿元,大约为原来的 8.99 倍,年平均增长率为 5.24%;过渡性养老金支出从 2022 年的 722.31 亿元上升至 2035 年的 1159.24 亿元,自 2036 年后呈现下降趋势,2065 年为 89.48 亿元;个人账户养老金支出也同样呈现上升趋势,从 2022 年的 189.93 亿元上升至 2065 年的 7478.26 亿元,大约为原来的 39.37 倍,年平均增长率为 8.92%。可见,湖北省城镇职工基本养老保险基金支出中的大头仍为基础养老金支出。

表 4-16　湖北省城镇职工基本养老保险基金支出详细情况(无任何政策干预)　单位:亿元

年份	基金支出	基础养老金支出	过渡性养老金支出	个人账户养老金支出
2022	2338.64	1426.40	722.31	189.93
2023	2525.73	1530.64	775.04	220.05
2024	2710.45	1634.29	824.63	251.53
2025	2908.33	1747.09	873.95	287.29
2026	3100.79	1858.06	917.53	325.20
2027	3292.53	1969.68	957.95	364.90
2028	3517.28	2103.71	999.63	413.94
2029	3748.03	2243.74	1037.55	466.74
2030	3999.09	2398.95	1073.37	526.77
2031	4239.71	2550.90	1099.69	589.12
2032	4493.24	2713.83	1122.03	657.38
2033	4755.28	2884.74	1139.73	730.81
2034	5026.08	3064.18	1152.26	809.64
2035	5301.97	3249.98	1159.24	892.75
2036	5574.24	3437.78	1155.55	980.91
2037	5861.77	3637.54	1148.32	1075.91
2038	6163.07	3847.66	1137.42	1177.99
2039	6492.09	4080.44	1120.80	1290.85
2040	6836.14	4324.46	1101.26	1410.42
2041	7164.06	4559.08	1073.26	1531.72
2042	7540.05	4825.56	1042.45	1672.04

年份	基金支出	基础养老金支出	过渡性养老金支出	个人账户养老金支出
2043	7909.12	5087.49	1009.02	1812.61
2044	8299.69	5365.45	971.44	1962.80
2045	8709.81	5655.19	931.85	2122.77
2046	9115.42	5940.34	886.48	2288.60
2047	9568.10	6252.59	839.86	2475.65
2048	10039.86	6574.46	792.53	2672.87
2049	10549.82	6920.30	742.35	2887.17
2050	11094.08	7284.45	691.78	3117.85
2051	11558.06	7595.38	638.44	3324.24
2052	12029.58	7906.62	586.58	3536.38
2053	12525.73	8229.36	534.98	3761.39
2054	13014.95	8544.80	484.98	3985.17
2055	13506.11	8858.42	436.03	4211.66
2056	14052.97	9197.42	387.87	4467.68
2057	14624.09	9545.50	342.80	4735.79
2058	15240.98	9915.66	299.79	5025.53
2059	15885.07	10297.49	260.88	5326.70
2060	16579.40	10702.11	226.41	5650.88
2061	17268.30	11095.91	193.72	5978.67
2062	17987.89	11502.01	165.55	6320.33
2063	18725.84	11913.30	137.60	6674.94
2064	19551.35	12367.60	111.16	7072.59
2065	20391.36	12823.62	89.48	7478.26

注:基金支出＝基础养老金支出＋过渡性养老金支出＋个人账户养老金支出＋个人账户返还性支出。

二、基金累计结余的变化趋势

从表4-17可以看出,2022年湖北省城镇职工基本养老保险基金的收支差(当期结余)为－455.22亿元,即2022年的当期赤字为455.22亿元,如果不采取有效措施,基金的收不抵支(即入不敷出)状况会一直持续,当期赤字也会逐年扩大,2065年当期赤字为 4488.84 亿元。

长期的当期赤字状况会使得基金不得不动用过去积累的资金来保证养老金的正常发放。2023 年及以前湖北省城镇职工基本养老保险基金的累计结余一直为正,但自 2024 年起,湖北省城镇职工基本养老保险基金的累计结余使用完毕,湖北省城镇职工基本养老保险基金在 2024 年开始出现累计赤字,2025 年累计赤字为 419.53 亿元,2025 年及以后累计赤字逐年扩大,2065 年湖北省城镇职工基本养老保险基金累计赤字额度为 89122.68 亿元,这表明在测算期内湖北省城镇职工基本养老保险基金的内源性融资不足以偿付养老金支出。可见,若维持现有制度不变,在无任何政策干预的情况下,湖北省城镇职工基本养老保险基金在 2024 年开始出现累计赤字,即 2024 年及以后基金不具备财务可持续性,迫切需要相关政策干预以改善城镇职工基本养老保险基金的财务运行状况。

表 4-17   湖北省城镇职工基本养老保险基金累计结余(无任何政策干预)   单位:亿元

年份	当期结余	累计结余
2022	−455.22	665.28
2023	−516.60	152.39
2024	−561.69	−419.53
2025	−612.41	−1057.74
2026	−648.18	−1748.57
2027	−666.34	−2475.28
2028	−713.86	−3268.87
2029	−750.45	−4119.80
2030	−794.37	−5037.03
2031	−826.34	−6009.96
2032	−874.98	−7057.06
2033	−893.68	−8149.51
2034	−901.41	−9277.19
2035	−890.89	−10422.28
2036	−884.71	−11589.67
2037	−880.58	−12782.01
2038	−872.72	−13996.10
2039	−857.13	−15224.55

年份	当期结余	累计结余
2040	-838.91	-16465.05
2041	-814.76	-17711.81
2042	-842.01	-19017.66
2043	-837.69	-20351.73
2044	-842.26	-21723.84
2045	-851.86	-23140.09
2046	-888.66	-24629.48
2047	-974.15	-26243.72
2048	-1066.08	-27992.54
2049	-1185.95	-29907.96
2050	-1329.94	-32018.84
2051	-1402.46	-34256.83
2052	-1461.84	-36611.64
2053	-1533.03	-39098.28
2054	-1569.76	-41684.74
2055	-1583.41	-44349.86
2056	-1732.67	-47234.59
2057	-1892.02	-50354.78
2058	-2092.40	-53758.36
2059	-2305.61	-57465.57
2060	-2557.60	-61523.75
2061	-2881.22	-66015.09
2062	-3225.13	-70971.22
2063	-3578.15	-76413.10
2064	-4035.79	-82460.12
2065	-4488.84	-89122.68

注:当期结余＝基金收入－基金支出。当期结余为负代表基金出现当期赤字,累计结余为负代表基金出现累计赤字,
下同。

第六节 "减税降费"政策下湖北省基本养老保险基金财务状况

如上所述,在无任何政策干预的情况下,湖北省城镇职工基本养老保险基金在2024年开始出现累计赤字,2065年的累计赤字高达89122.68亿元。那么,实施"减税降费"政策(养老保险缴费率降低3%)后,湖北省城镇职工基本养老保险基金的可持续性将如何变化?

一、基金收支运行状况的变化趋势

运用式(4-14)至式(4-19),并代入相关参数的取值,基于"减税降费"的背景,对2022—2065年湖北省城镇职工基本养老保险基金的收支运行状况再次进行模拟测算,具体结果见表4-18。由表4-18可见,2022—2065年城镇职工基本养老保险基金的收入和支出均呈上升趋势,基金收入从2022年的1674.15亿元上升至2065年的14135.58亿元,大约为原来的8.44倍,年平均增长率为5.09%。与无任何政策干预的情况相比,2022—2065年湖北省城镇职工基本养老保险基金收入有所下降。在"减税降费"背景下,基金支出规模不变,此处不再赘述。

表4-18 湖北省城镇职工基本养老保险基金收支运行状况
(降低养老保险缴费率)

单位:亿元

年份	基金收入				基金支出			
	总计	男性	女干部	女工人	总计	男性	女干部	女工人
2022	1674.15	950.21	394.58	329.36	2338.64	908.33	638.94	791.37
2023	1785.89	1015.34	419.77	350.78	2525.73	998.93	687.32	839.48
2024	1910.01	1088.96	447.20	373.85	2710.45	1084.83	736.79	888.83
2025	2040.81	1167.16	474.59	399.06	2908.33	1177.30	792.16	938.87
2026	2180.10	1249.94	504.23	425.93	3100.79	1269.32	845.08	986.39
2027	2334.39	1342.14	535.95	456.30	3292.53	1358.40	900.39	1033.74
2028	2491.93	1433.14	570.58	488.21	3517.28	1474.51	958.03	1084.74
2029	2664.52	1533.81	608.51	522.20	3748.03	1592.00	1017.25	1138.78
2030	2848.64	1638.29	650.44	559.91	3999.09	1727.46	1077.62	1194.01
2031	3034.10	1745.45	692.16	596.49	4239.71	1856.29	1135.55	1247.87

年份	基金收入				基金支出			
	总计	男性	女干部	女工人	总计	男性	女干部	女工人
2032	3216.23	1851.32	735.71	629.20	4493.24	1991.07	1193.04	1309.13
2033	3432.53	1975.58	785.13	671.82	4755.28	2130.55	1256.28	1368.45
2034	3666.37	2111.13	837.48	717.76	5026.08	2271.60	1324.27	1430.21
2035	3920.96	2259.27	894.79	766.90	5301.97	2412.70	1393.69	1495.58
2036	4168.47	2406.50	950.19	811.78	5574.24	2547.84	1463.07	1563.33
2037	4427.72	2568.36	1004.41	854.95	5861.77	2676.54	1544.19	1641.04
2038	4702.53	2735.52	1065.69	901.32	6163.07	2819.74	1622.05	1721.28
2039	5008.86	2922.45	1135.49	950.92	6492.09	2975.62	1703.82	1812.65
2040	5330.87	3122.41	1208.40	1000.06	6836.14	3132.09	1790.78	1913.27
2041	5643.82	3313.27	1273.53	1057.02	7164.06	3287.99	1883.00	1993.07
2042	5953.82	3501.25	1335.32	1117.25	7540.05	3475.30	1990.13	2074.62
2043	6285.72	3706.68	1400.21	1178.83	7909.12	3647.60	2100.05	2161.47
2044	6628.83	3919.97	1461.57	1247.29	8299.69	3827.29	2227.52	2244.88
2045	6984.85	4140.58	1521.38	1322.89	8709.81	4017.30	2367.92	2324.59
2046	7312.67	4337.65	1589.42	1385.60	9115.42	4226.36	2476.99	2412.07
2047	7639.07	4526.73	1661.29	1451.05	9568.10	4479.18	2587.46	2501.46
2048	7976.69	4725.05	1734.89	1516.75	10039.86	4737.89	2704.43	2597.54
2049	8323.44	4918.47	1817.42	1587.55	10549.82	5039.28	2814.16	2696.38
2050	8679.24	5112.31	1909.30	1657.63	11094.08	5372.05	2916.34	2805.69
2051	9027.20	5320.72	1984.46	1722.02	11558.06	5617.43	3032.88	2907.75
2052	9393.55	5540.47	2063.47	1789.61	12029.58	5864.94	3151.33	3013.31
2053	9771.29	5767.63	2143.22	1860.44	12525.73	6124.50	3279.16	3122.07
2054	10173.50	6017.32	2229.53	1926.65	13014.95	6360.85	3405.50	3248.60
2055	10597.96	6287.90	2315.20	1994.86	13506.11	6578.96	3545.35	3381.80
2056	10951.37	6505.42	2392.74	2053.21	14052.97	6864.78	3676.58	3511.61
2057	11317.40	6730.99	2474.37	2112.04	14624.09	7162.80	3811.36	3649.93
2058	11687.63	6956.33	2559.93	2171.37	15240.98	7494.40	3949.15	3797.43

续表4-18

年份	基金收入				基金支出			
	总计	男性	女干部	女工人	总计	男性	女干部	女工人
2059	12070.63	7198.00	2639.96	2232.67	15885.07	7820.77	4111.78	3952.52
2060	12463.82	7435.32	2722.25	2306.25	16579.40	8197.51	4283.86	4098.03
2061	12788.52	7642.99	2790.85	2354.68	17268.30	8556.93	4450.76	4260.61
2062	13122.45	7859.64	2859.71	2403.10	17987.89	8924.82	4629.20	4433.87
2063	13464.62	8084.20	2928.69	2451.73	18725.84	9297.40	4815.17	4613.27
2064	13791.60	8291.40	2999.24	2500.96	19551.35	9745.27	5007.89	4798.19
2065	14135.58	8501.48	3082.91	2551.19	20391.36	10216.71	5182.90	4991.75

二、基金累计结余的变化趋势

如上所述,养老保险缴费率降低3%,基金收入规模有所下降,从而影响湖北省城镇职工基本养老保险基金的结余规模(当期结余和累计结余)。从表4-19可以看出,2022年湖北省城镇职工基本养老保险基金的收支差(当期结余)为−664.49亿元,即2019年的当期赤字为664.49亿元,如果不采取有效措施,基金的收不抵支(即入不敷出)状况会一直持续,当期赤字也会逐年扩大,2065年当期赤字为6255.79亿元。

长期的当期赤字状况会使得基金不得不动用过去积累的资金来保证养老金的正常发放。2022年及以前湖北省城镇职工基本养老保险基金的累计结余一直为正,但自2023年起,湖北省城镇职工基本养老保险基金的累计结余使用完毕。湖北省城镇职工基本养老保险基金在2023年开始出现累计赤字,2023年累计赤字为296.29亿元,2024年及以后累计赤字规模逐年扩大,2065年湖北省城镇职工基本养老保险基金累计赤字额度为147587.20亿元,与无任何政策干预的情况相比,2065年累计赤字规模增加65.6%[=(147587.20−89122.68)÷89122.68×100%],这表明在测算期内湖北省城镇职工基本养老保险基金的内源性融资不足以偿付养老金支出。可见,若维持现有制度不变,当实施"减税降费"政策(降低养老保险缴费率)时,湖北省城镇职工基本养老保险基金在2023年开始出现累计赤字,即2023年及以后基金不具备财务可持续性,迫切需要相关政策干预以改善城镇职工基本养老保险基金的财务运行状况。

本书将在后续章节基于"减税降费"(降低养老保险缴费率)的背景,分析社会保险费征收体制改革对湖北省城镇职工基本养老保险基金可持续性的影响。

表 4-19　湖北省城镇职工基本养老保险基金累计结余（降低养老保险缴费率）　单位：亿元

年份	当期结余	累计结余
2022	−664.49	450.78
2023	−739.84	−296.29
2024	−800.44	−1124.15
2025	−867.51	−2041.45
2026	−920.69	−3036.20
2027	−958.14	−4094.19
2028	−1025.35	−5247.53
2029	−1083.51	−6489.32
2030	−1150.45	−7830.77
2031	−1205.61	−9262.29
2032	−1277.01	−10802.78
2033	−1322.75	−12428.66
2034	−1359.71	−14133.08
2035	−1381.01	−15901.94
2036	−1405.77	−17740.40
2037	−1434.05	−19653.81
2038	−1460.54	−21642.21
2039	−1483.23	−23703.58
2040	−1505.27	−25839.07
2041	−1520.24	−28043.29
2042	−1586.24	−30370.26
2043	−1623.40	−32793.50
2044	−1670.87	−35325.98
2045	−1724.96	−37977.22
2046	−1802.75	−40774.46
2047	−1929.03	−43771.09
2048	−2063.17	−46980.11
2049	−2226.38	−50436.65
2050	−2414.84	−54172.78
2051	−2530.86	−58121.23

续表4-19

年份	当期结余	累计结余
2052	−2636.03	−62276.20
2053	−2754.44	−66656.40
2054	−2841.45	−71235.30
2055	−2908.15	−75997.04
2056	−3101.59	−81076.10
2057	−3306.70	−86492.36
2058	−3553.35	−92296.86
2059	−3814.44	−98514.08
2060	−4115.58	−105195.40
2061	−4479.78	−112417.06
2062	−4865.43	−120214.56
2063	−5261.22	−128612.68
2064	−5759.74	−137731.73
2065	−6255.79	−147587.20

本 章 小 结

运用精算模型,模拟在无任何政策干预和实施"减税降费"政策(养老保险缴费率降低3%)情况下,湖北省城镇职工基本养老保险基金的财务运行状况,经研究发现:第一,在无任何政策干预的情况下,在测算期内(2022—2065年),湖北省城镇职工基本养老保险基金一直出现当期赤字(收不抵支),并于2024年开始出现累计赤字,截至2065年,累计赤字高达89122.68亿元;第二,如果实施"减税降费"政策(养老保险缴费率降低3%),湖北省城镇职工基本养老保险基金在2022—2065年一直出现当期赤字(收不抵支),并于2023年开始出现累计赤字,截至2065年,累计赤字高达147587.20亿元,与无任何政策干预的情况相比,2065年累计赤字规模增加65.6%。可见,无论是在无任何政策干预的情况下,还是在实施"减税降费"政策的情况下,湖北省城镇职工基本养老保险基金都不具备可持续性。

第五章 征收体制改革对湖北省养老保险基金可持续性的影响

如前文所述,在没有任何政策干预的情况下,湖北省城镇职工基本养老保险基金不具备可持续性;当实施"减税降费"政策(养老保险缴费率降低3%)时,湖北省城镇职工基本养老保险基金同样不具备可持续性。那么,在"减税降费"的大背景下,如何提高湖北省城镇职工基本养老保险基金的可持续运行能力呢?本章将模拟社会保险费征收体制改革对湖北省城镇职工基本养老保险基金可持续性的影响,将社会保险费征收体制改革简称为"征收体制改革"。

第一节 中国社会保险费征收体制的三阶段

一、劳动部门征收阶段

1997年《国务院关于建立统一的企业职工基本养老保险制度的决定》(国发〔1997〕26号)出台,国务院决定在全国范围内正式建立企业职工基本养老保险制度。按照国发〔1997〕26号文件规定,企业职工基本养老保险与社会保险的其他险种一同由劳动部门负责统一征收保费。

二、人社部门与税务部门二元主体征收阶段

1999年国务院发布《社会保险费征缴暂行条例》(国务院令〔1999〕第259号),提出基本养老、基本医疗(含职工医保)、失业三项保险集中统一征收,且既可以由税务机关征收,也可以由劳动保障行政部门按照国务院规定设立的社会保险经办机构征收,借此将社会保险费二元征缴模式的适用范围扩展为基本养老保险(包含企业职工基本养老保险)、医疗保险和失业保险。企业职工基本养老保险费的征收模式为人社部门与税务部门组成的二元征收主体模式,还可进一步细分为"税务全征""税务代征"和"社保全征"三种模式。其中税务全征是指税务部门核定缴费基数且税务部门征收保费,税务代征是指社保经办机构核定缴费基数但税务部门征收保费,社保全征是指社保经办机构核定缴费基数且社保经办机构征收保费。根据表5-1所示,截至2018年年底,37个省(自治区、直辖市)、计划单列市和新疆生产建设兵团中,实行"税务全征"模式的统筹地区有7个,分别为广东省、福建省、浙江省、海南省、辽宁省、湖

南省和厦门市;实行"税务代征"模式的统筹地区有 15 个,分别为河南省、内蒙古自治区、江苏省、云南省、重庆市、宁夏回族自治区、安徽省、湖北省、河北省、黑龙江省、青海省、陕西省、甘肃省、大连市和宁波市;实行"社保全征"模式的统筹地区有 15 个,分别是 12 个省(自治区、直辖市)——北京市、天津市、山西省、吉林省、上海市、江西省、山东省、广西壮族自治区、四川省、贵州省、西藏自治区和新疆维吾尔自治区,2 个计划单列市——深圳市和青岛市,以及新疆生产建设兵团。

表 5-1　各统筹地区企业职工基本养老保险费征收体制改革历程

地区	征收模式			改革时间	文件
	税务代征	税务全征	社保全征		
广东	√			2000 年	《广东省人民政府关于我省各级社会保险费统一由地方税务机关征收的通知》(粤府〔1999〕71 号)
		√		2009 年	《关于印发广东省社会保险费地税全责征收实施办法(暂行)的通知》(粤劳社函〔2008〕1789 号)
福建		√		2001 年	《福建省社会保险费征缴办法》(福建省人民政府令第 58 号)
浙江	√			1998 年	《浙江省人民政府关于建立统一的企业职工基本养老保险制度的通知》(浙政〔1997〕12 号)
		√		2005 年	《浙江省社会保险费征缴办法》(浙江省人民政府令第 188 号)
河南	√			2017 年	《河南省人民政府关于改革社会保险费征缴体制加强社会保险费征缴管理的通知》(豫政〔2016〕77 号)
内蒙古	√			2001 年	《内蒙古自治区社会保险费税务征缴暂行办法》(内政字〔2000〕272 号)
江苏	√			2004 年	《江苏省社会保险费征缴条例》(江苏省第十届人民代表大会常务委员会第七次会议通过)
海南		√		2000 年	《海南省社会保险费征缴若干规定》(海南省人民政府令第 141 号)

地区	征收模式			改革时间	文件
	税务代征	税务全征	社保全征		
云南	√			2007 年	《云南省社会保险费征缴条例》(云南省第十届人民代表大会常务委员会第二十四次会议通过)
重庆	√			2011 年	《关于实行社会保险统一征缴管理工作的通知》(渝人社发〔2011〕163 号)
宁夏	√			2008 年	《宁夏回族自治区人民政府办公厅关于转发〈宁夏回族自治区社会保险费征收业务移交接收方案〉的通知》(宁政办发〔2007〕232 号)
安徽	√			2001 年	《安徽省社会保险费征缴暂行规定》(安徽省人民政府令第 128 号)
湖北	√			2002 年	《湖北省社会保险费征缴管理办法》(湖北省人民政府令第 230 号)
辽宁		√		2000 年	《辽宁省社会保险费征缴规定》(辽宁省人民政府令第 116 号)
河北	√			2002 年	《河北省社会保险费征缴暂行办法》(河北省人民政府令第 25 号)
黑龙江	√			2000 年	《黑龙江省社会保险费征缴办法》(经黑龙江省人民政府第五十九次常务会议讨论通过)
青海	√			2001 年	《青海省社会保险费征收暂行办法》(青政〔2000〕114 号)
陕西	√			2000 年	《陕西省人民政府关于印发税务征缴社会保险费暂行办法的通知》(陕政发〔2000〕11 号)
湖南		√		2001 年	《湖南省实施〈社会保险费征缴暂行条例〉办法》(湖南省人民政府令第 142 号)
甘肃	√			2000 年	《甘肃省社会保险费征收管理暂行规定》
厦门		√		2001 年	《厦门市地方税务局印发〈厦门市地方税务局社会保险费征收管理规程〉的通知》(厦地税发〔2001〕103 号)

续表5-1

地区	征收模式			改革时间	文件
	税务代征	税务全征	社保全征		
大连	√			2010 年	《大连市人民政府办公厅关于印发大连市城镇企业职工社会保险费征收业务移交方案的通知》(大政办发〔2010〕66 号)
宁波	√			2013 年	《宁波市人民政府关于印发宁波市社会保险费征缴管理暂行办法的通知》(甬政发〔2012〕139 号)
其他地区			√	—	—

注:其他地区是指其他 12 个省(自治区、直辖市)、2 个计划单列市和新疆生产建设兵团,"税务全征"是指"税务部门全征","税务代征"是指"税务部门代征","社保全征"是指"社保经办机构全征"。

三、税务部门统一征收阶段

2002 年国家税务总局出台《国家税务总局关于税务机关征收社会保险费工作的指导意见》(国税发〔2002〕124 号),强调"尚未实现税务部门征收的地区尽快实现'三费'集中、统一征收"。2005 年国家税务总局出台《国家税务总局关于切实加强税务机关社会保险费征收管理工作的通知》(国税发〔2005〕66 号),再次积极推动税务机关社保费(含企业职工基本养老保险费)全责征收工作,克服"代征"的错误认识,尽快实现税务部门集中、统一全责征收。但在 2010 年颁布的《中华人民共和国社会保险法》中,并未对税务部门征收的唯一主体身份进行明文规定,这也导致了学术界对二元征收主体的优势、效果等问题的持续争论。2015 年年底,由中央办公厅及国务院办公厅联合发布的《深化国税、地税征管体制改革方案》(中办发〔2015〕56 号),提出由地税部门统一征收"政府性基金等非税收入项目",又一次推进社保(含企业职工基本养老保险)征收体制改革。

分析以上文件可以发现,我国一直在推动社保费征收主体统一化工作,但截至 2018 年年底,在全国 37 个统筹地区中,有 15 个地区由社保经办机构全责征收企业职工基本养老保险费,15 个地区由税务部门代征保险费,仅有 7 个地区由税务部门全责征收保险费,可见三年来的征收主体统一化工作开展得十分缓慢。2018 年 7 月出台的《国税地税征管体制改革方案》,明确规定从 2019 年 1 月 1 日起社会保险费(含企业职工基本养老保险费)将由税务部门统一全责征收。至此正式确定了税务部门在社会保险费征收中的唯一主体地位,国家税务总局于 2019 年 12 月 12 日成立社会保险费司,用以专门处理社会保险费的征缴工作。

第二节　征收体制改革对基本养老保险基金的影响机制

2018 年,《深化党和国家机构改革方案》《国税地税征管体制改革方案》中指出,自 2019 年 1 月 1 日,各项社会保险费(含基本养老保险费)交由税务部门统一征收,这标志着我国(含湖北省)社会保险费征收体制改革迈向新的台阶。现阶段,企业所缴纳的各项社会保险费征收职责暂缓移交至税务部门,但是《国务院办公厅关于印发降低社会保险费率综合方案的通知》(国办发〔2019〕13 号)中指出,"成熟一省、移交一省",确保征收工作有序衔接。《湖北省人民政府办公厅关于印发〈湖北省降低社会保险费率综合实施方案〉的通知》(鄂政办发〔2019〕33 号)同样指出,"待条件成熟后移交税务部门"。可见,我国(含湖北省)仍会稳步推进社会保险费征收体制改革,社会保险费交由税务部门统一征收势在必行。从理论上讲,税务部门比社保经办机构的征收能力更强[1],征收体制改革能提高城镇职工基本养老保险征缴率,增加城镇职工基本养老保险基金收入,并进一步提高基金可持续性。

关于征收体制改革对养老保险基金影响的研究,现有文献主要从两方面进行探讨:

(1) 征收体制改革对养老保险征缴率[2]和参保率的影响。郑春荣和王聪(2014年)[3]、OECD(2017 年)[4]、汪德华(2018 年)[5]认为将社会保险费(含基本养老保险费)与税收并征的效果较好。刘军强(2011 年)[6]基于省级面板数据,运用固定效应模型,发现税务部门征收养老保险费有利于提高参保率和基金收入;李波和苗丹(2017年)[7]、王延中和宁亚芳(2018 年)[8]也给出了与刘军强相似的结论。但有部分研究结

---

①　与社保经办机构相比,税务部门能掌握企业真实的财务状况和员工的薪资信息。

②　征缴率＝实际征缴收入/应征缴收入＝实际征缴收入/(参保在职职工人数×法定缴费基数×政策缴费率)。

③　郑春荣,王聪.我国社会保险费的征管机构选择——基于地税部门行政成本的视角[J].财经研究,2014,40(7):17-26.

④　OECD.Tax Administration 2017： Comparative information on OECD and other advanced and emerging economies [M].Paris：OECD Publishing,2017.

⑤　汪德华.税务部门统一征收社会保险费:改革必要性与推进建议[J].学习与探索,2018(7):103-110.

⑥　刘军强.资源、激励与部门利益:中国社会保险征缴体制的纵贯研究(1999—2008)[J].中国社会科学,2011(3):139-156.

⑦　李波,苗丹.我国社会保险费征管机构选择——基于省级参保率和征缴率数据[J].税务研究,2017(12):20-25.

⑧　王延中,宁亚芳.我国社会保险征费模式的效果评价与改革趋势[J].辽宁大学学报:哲学社会科学版,2018,46(3):1-17.

论相反,张雷(2010 年)[①]、鲁全(2011 年)[②]认为向税务部门代征的政策转变未必能改善征收效果;彭雪梅、刘阳和林辉(2015 年)[③]运用固定效应模型,发现社保经办机构的征缴率高于税务部门。

(2)征收体制改革对养老保险缴费率下调空间的影响。郑秉文(2018 年)[④]经过估算,得出社会保险费征收体制改革可使城镇职工基本养老保险缴费率降低 9%,这并不会影响城镇职工基本养老基金的可持续性;郭瑜和张寅凯(2019 年)[⑤]认为夯实缴费基数为降低政策缴费率创造了条件,有助于减轻企业的社保缴费负担。

虽然学术界对社会保险费征收体制改革的政策效果未达成共识,但大部分学者认为征收体制改革可以提升养老保险的征缴率和参保率,从而增加养老保险基金收入,或者为养老保险缴费率的下调创造契机。

可见,理论界大都认为征收体制改革能提高城镇职工基本养老保险的征缴率,从而改善城镇职工基本养老保险基金的财务运行状况。本书将从实证角度出发,运用精算模型分析征收体制改革对湖北省城镇职工基本养老保险基金可持续性的影响。

第三节　征收体制改革对湖北省基本养老保险基金收支状况的影响

李波和苗丹(2017 年)[⑥]运用面板数据,经实证研究发现征收体制改革能使城镇职工基本养老保险征缴率提高 2.2%,2017 年湖北省城镇职工基本养老保险征缴率为 78.74%,因而本研究假定 2019 年及以后湖北省城镇职工基本养老保险征缴率提高至 80.94%(=78.74%+2.2%)。2018 年及以前湖北省实行"社保经办机构核定缴费基数、税务部门征收"的模式,而 2019 年 1 月 1 日及以后将全部改为"税务部门核定缴费基数、税务部门征收"的模式,可以预期征缴率将进一步上升(杨翠迎和程煜,2019 年[⑦])。因此,本书将 90%和 100%设定为征缴率的另外两档,以分析征缴率的提高对湖北省城镇职工基本养老保险基金的影响,设定征缴率为 100%的目的是为了

①　张雷.社会保险费征收体制的效率比较分析[J].社会保障研究,2010(1):24-28.
②　鲁全.中国养老保险费征收体制研究[J].山东社会科学,2011(7):110-115.
③　彭雪梅,刘阳,林辉.征收机构是否会影响社会保险费的征收效果?——基于社保经办和地方税务征收效果的实证研究[J].管理世界,2015(6):63-71.
④　郑秉文.养老保险降低缴费率与扩大个人账户——征收体制改革的"额外收获"[J].行政管理改革,2018(11):13-22.
⑤　郭瑜,张寅凯.严征缴能否降低城镇职工养老保险费率?[J].保险研究,2019(2):101-113.
⑥　李波,苗丹.我国社会保险费征管机构选择——基于省级参保率和征缴率数据[J].税务研究,2017(12):20-25.
⑦　杨翠迎,程煜.理性看待社保征收体制改革的效果[J].社会保障研究,2019(1):58-66.

分析这一极端情况下的湖北省城镇职工基本养老保险基金财务运行状况。

一、征缴率提高至 80.94% 时对基金收支运行状况的影响

现基于"减税降费"的背景,分析征缴率提高至 80.94% 时对 2022—2065 年湖北省城镇职工基本养老保险基金的收支运行状况的影响,具体数值见表 5-2。由表 5-2 可见,2022—2065 年城镇职工基本养老保险基金的收入和支出均呈上升趋势,基金收入从 2022 年的 1717.10 亿元上升至 2065 年的 14498.21 亿元,约为 2022 年的 8.44 倍,年平均增长率为 5.09%。与仅实施"减税降费"政策的情况相比,2022—2065 年湖北省城镇职工基本养老保险基金收入增加 2.57%。基金支出从 2022 年的 2344.00 亿元上升至 2065 年的 20896.13 亿元,约为 2022 年的 8.91 倍,年平均增长率为 5.22%。与仅实施"减税降费"政策的情况相比,2022—2065 年湖北省城镇职工基本养老保险基金支出增加 0.23%~2.48%。

表 5-2　湖北省城镇职工基本养老保险基金的收支运行状况

（降低养老保险缴费率且征缴率提高至 80.94%）

| 年份 | 基金财务运行状况（亿元） | | | | | | | | 变化幅度 | |
| | 基金收入 | | | | 基金支出 | | | | 基金收入 | 基金支出 |
	总计	男性	女干部	女工人	总计	男性	女干部	女工人	总计	总计
2022	1717.10	974.58	404.70	337.82	2344.00	910.83	640.44	792.73	2.57%	0.23%
2023	1831.71	1041.39	430.54	359.78	2534.11	1003.17	689.54	841.40	2.57%	0.33%
2024	1959.01	1116.90	458.67	383.44	2721.84	1090.76	739.78	891.30	2.57%	0.42%
2025	2093.17	1197.10	486.76	409.31	2923.09	1185.10	796.05	941.94	2.57%	0.51%
2026	2236.03	1282.00	517.16	436.87	3119.11	1279.11	849.90	990.10	2.57%	0.59%
2027	2394.28	1376.58	549.70	468.00	3314.49	1370.16	906.22	1038.11	2.57%	0.67%
2028	2555.85	1469.91	585.21	500.73	3543.74	1488.92	964.95	1089.87	2.57%	0.75%
2029	2732.87	1573.15	624.12	535.60	3779.24	1609.14	1025.32	1144.78	2.57%	0.83%
2030	2921.72	1680.32	667.13	574.27	4035.63	1747.81	1086.88	1200.94	2.57%	0.91%
2031	3111.94	1790.22	709.91	611.81	4281.72	1879.83	1146.06	1255.83	2.57%	0.99%
2032	3298.74	1898.82	754.59	645.33	4541.15	2018.02	1204.82	1318.31	2.57%	1.07%
2033	3520.59	2026.26	805.27	689.06	4809.45	2161.07	1269.51	1378.87	2.57%	1.14%
2034	3760.43	2165.29	858.96	736.18	5086.88	2305.80	1339.10	1441.98	2.57%	1.21%
2035	4021.55	2317.23	917.75	786.57	5369.67	2450.64	1410.21	1508.82	2.57%	1.28%

续表5-2

年份	基金财务运行状况（亿元）								变化幅度	
	基金收入				基金支出				基金收入	基金支出
	总计	男性	女干部	女工人	总计	男性	女干部	女工人	总计	总计
2036	4275.40	2468.23	974.57	832.60	5649.17	2589.52	1481.40	1578.25	2.57％	1.34％
2037	4541.31	2634.25	1030.18	876.88	5944.50	2721.91	1564.65	1657.94	2.57％	1.41％
2038	4823.17	2805.70	1093.03	924.44	6254.10	2869.20	1644.62	1740.28	2.57％	1.48％
2039	5137.35	2997.43	1164.62	975.30	6592.23	3029.51	1728.65	1834.07	2.57％	1.54％
2040	5467.63	3202.51	1239.41	1025.71	6945.89	3190.46	1818.04	1937.39	2.57％	1.61％
2041	5788.61	3398.27	1306.20	1084.14	7283.46	3350.94	1912.94	2019.58	2.57％	1.67％
2042	6106.56	3591.07	1369.58	1145.91	7670.38	3543.59	2023.18	2103.61	2.57％	1.73％
2043	6446.98	3801.77	1436.13	1209.08	8050.37	3720.90	2136.34	2193.13	2.57％	1.79％
2044	6798.88	4020.54	1499.06	1279.28	8452.46	3905.78	2267.50	2279.18	2.57％	1.84％
2045	7164.04	4246.80	1560.41	1356.83	8874.67	4101.23	2411.95	2361.49	2.57％	1.89％
2046	7500.27	4448.93	1630.19	1421.15	9292.58	4316.23	2524.42	2451.93	2.57％	1.94％
2047	7835.04	4642.85	1703.91	1488.28	9758.83	4576.03	2638.35	2544.45	2.57％	1.99％
2048	8181.33	4846.27	1779.39	1555.67	10244.71	4841.86	2758.98	2643.87	2.57％	2.04％
2049	8536.97	5044.65	1864.04	1628.28	10769.67	5151.37	2872.21	2746.09	2.57％	2.08％
2050	8901.90	5243.46	1958.29	1700.15	11329.85	5493.05	2977.72	2859.08	2.57％	2.13％
2051	9258.79	5457.22	2035.37	1766.20	11807.98	5745.21	3098.00	2964.77	2.57％	2.16％
2052	9634.54	5682.60	2116.41	1835.53	12293.85	5999.53	3220.27	3074.05	2.57％	2.20％
2053	10021.96	5915.59	2198.20	1908.17	12804.98	6266.22	3352.16	3186.60	2.57％	2.23％
2054	10434.49	6171.69	2286.73	1976.07	13309.00	6509.12	3482.48	3317.40	2.57％	2.26％
2055	10869.84	6449.21	2374.60	2046.03	13815.03	6733.37	3626.62	3455.04	2.57％	2.29％
2056	11232.32	6672.31	2454.13	2105.88	14378.26	7027.11	3761.93	3589.22	2.57％	2.31％
2057	11607.73	6903.66	2537.84	2166.23	14966.34	7333.43	3900.81	3732.10	2.57％	2.34％
2058	11987.47	7134.78	2625.61	2227.08	15601.33	7674.22	4042.74	3884.37	2.57％	2.36％
2059	12380.29	7382.66	2707.69	2289.94	16264.01	8009.57	4210.09	4044.35	2.57％	2.39％
2060	12783.57	7626.07	2792.08	2365.42	16978.03	8396.54	4387.05	4194.44	2.57％	2.40％
2061	13116.60	7839.06	2862.44	2415.10	17686.38	8765.67	4558.71	4362.00	2.57％	2.42％

续表5-2

年份	基金财务运行状况（亿元）								变化幅度	
	基金收入				基金支出				基金收入	基金支出
	总计	男性	女干部	女工人	总计	男性	女干部	女工人	总计	总计
2062	13459.10	8061.27	2933.08	2464.75	18426.05	9143.48	4742.13	4540.44	2.57%	2.44%
2063	13810.04	8291.60	3003.82	2514.62	19184.63	9526.14	4933.35	4725.14	2.57%	2.45%
2064	14145.41	8504.11	3076.18	2565.12	20033.02	9986.02	5131.47	4915.53	2.57%	2.46%
2065	14498.21	8719.57	3162.00	2616.64	20896.13	10470.08	5311.37	5114.68	2.57%	2.48%

注：变化幅度是与仅实施"减税降费"的情况（即表4-18）相比，下同。

表5-3为降低养老保险缴费率且征缴率提高至80.94%的情况下，湖北省城镇职工基本养老保险基金支出的详细情况。从表5-3中可以看出，基础养老金支出从2022年的1430.23亿元上升至2065年的13151.73亿元，大约为2022年的9.20倍，年平均增长率为5.30%；过渡性养老金支出从2022年的723.72亿元上升至2035年的1168.18亿元，自2036年以后呈现下降趋势，2065年降为91.45亿元；个人账户养老金支出也同样呈现上升趋势，从2022年的190.05亿元上升至2065年的7652.95亿元，大约为2022年的40.27倍，年平均增长率为8.97%。可见，在此情况下，湖北省城镇职工基本养老保险基金支出中的大头仍为基础养老金支出。

表 5-3　湖北省城镇职工基本养老保险基金支出的详细情况

（降低养老保险缴费率且征缴率提高至80.94%）　　　　　　单位：亿元

年份	基金支出	基础养老金支出	过渡性养老金支出	个人账户养老金支出
2022	2344.00	1430.23	723.72	190.05
2023	2534.11	1536.62	777.16	220.33
2024	2721.84	1642.46	827.39	251.99
2025	2923.09	1757.73	877.37	287.99
2026	3119.11	1871.34	921.58	326.19
2027	3314.49	1985.68	962.59	366.22
2028	3543.74	2123.09	1004.94	415.71
2029	3779.24	2266.70	1043.50	469.04
2030	4035.63	2425.95	1079.95	529.73
2031	4281.72	2582.08	1106.83	592.81
2032	4541.15	2749.54	1129.69	661.92

续表5-3

年份	基金支出	基础养老金支出	过渡性养老金支出	个人账户养老金支出
2033	4809.45	2925.27	1147.86	736.32
2034	5086.88	3109.82	1160.83	816.23
2035	5369.67	3300.96	1168.18	900.53
2036	5649.17	3494.37	1164.76	990.04
2037	5944.50	3700.14	1157.78	1086.58
2038	6254.10	3916.61	1147.12	1190.37
2039	6592.23	4156.30	1130.73	1305.20
2040	6945.89	4407.57	1111.39	1426.93
2041	7283.46	4649.40	1083.52	1550.54
2042	7670.38	4923.96	1052.81	1693.61
2043	8050.37	5193.90	1019.44	1837.03
2044	8452.46	5480.24	981.88	1990.34
2045	8874.67	5778.68	942.28	2153.71
2046	9292.58	6072.56	896.79	2323.23
2047	9758.83	6394.28	850.01	2514.54
2048	10244.71	6725.88	802.47	2716.36
2049	10769.67	7081.92	752.03	2935.72
2050	11329.85	7456.74	701.15	3171.96
2051	11807.98	7777.01	647.41	3383.56
2052	12293.85	8097.56	595.11	3601.18
2053	12804.98	8429.87	543.04	3832.07
2054	13309.00	8754.63	492.54	4061.83
2055	13815.03	9077.49	443.07	4294.47
2056	14378.26	9426.32	394.35	4557.59
2057	14966.34	9784.39	348.72	4833.23
2058	15601.33	10165.06	305.16	5131.11
2059	16264.01	10557.57	265.72	5440.72
2060	16978.03	10973.31	230.74	5773.98
2061	17686.38	11377.81	197.50	6111.07

年份	基金支出	基础养老金支出	过渡性养老金支出	个人账户养老金支出
2062	18426.05	11794.82	168.83	6462.40
2063	19184.63	12217.17	140.40	6827.06
2064	20033.02	12683.61	113.51	7235.90
2065	20896.13	13151.73	91.45	7652.95

注:基金支出＝基础养老金支出＋过渡性养老金支出＋个人账户养老金支出＋个人账户返还性支出。

二、征缴率提高至90%时对基金收支运行状况的影响

基于"减税降费"的背景,本书分析征缴率提高至90%时对2022—2065年湖北省城镇职工基本养老保险基金的收支运行状况的影响,具体数据见表5-4。由表5-4可见,2022—2065年城镇职工基本养老保险基金的收入和支出均呈上升趋势,基金收入从2022年的1913.56亿元上升至2065年的16157.00亿元,大约为2022年的8.44倍,年平均增长率为5.09%。与仅实施"减税降费"政策的情况相比,2022—2065年湖北省城镇职工基本养老保险基金收入增加14.30%。基金支出从2022年的2368.56亿元上升至2065年的23205.06亿元,大约为2022年的9.80倍,年平均增长率为5.45%。与仅实施"减税降费"政策的情况相比,2022—2065年湖北省城镇职工基本养老保险基金支出增加1.28%～13.80%。

表 5-4　湖北省城镇职工基本养老保险基金的收支运行状况

（降低养老保险缴费率且征缴率提高至90%）

| 年份 | 基金财务运行状况（亿元） | | | | | | | | 变化幅度 | |
| | 基金收入 | | | | 基金支出 | | | | 基金收入 | 基金支出 |
	总计	男性	女干部	女工人	总计	男性	女干部	女工人	总计	总计
2022	1913.56	1086.09	451.00	376.47	2368.56	922.25	647.30	799.01	14.30%	1.28%
2023	2041.28	1160.53	479.80	400.95	2572.41	1022.60	699.70	850.11	14.30%	1.85%
2024	2183.15	1244.69	511.15	427.31	2773.93	1117.88	753.41	902.64	14.30%	2.34%
2025	2332.66	1334.07	542.45	456.14	2990.64	1220.78	813.85	956.01	14.30%	2.83%
2026	2491.86	1428.68	576.33	486.85	3202.93	1323.89	871.96	1007.08	14.30%	3.29%
2027	2668.21	1534.07	612.60	521.54	3414.97	1423.99	932.89	1058.09	14.30%	3.72%
2028	2848.28	1638.08	652.17	558.03	3664.80	1554.84	996.58	1113.38	14.30%	4.19%
2029	3045.55	1753.14	695.53	596.88	3922.02	1687.57	1062.21	1172.24	14.30%	4.64%

续表5-4

| 年份 | 基金财务运行状况（亿元） | | | | | | | | 变化幅度 | |
| | 基金收入 | | | | 基金支出 | | | | 基金收入 | 基金支出 |
	总计	男性	女干部	女工人	总计	男性	女干部	女工人	总计	总计
2030	3256.00	1872.57	743.46	639.97	4202.78	1840.87	1129.26	1232.65	14.30%	5.09%
2031	3467.99	1995.05	791.14	681.80	4473.88	1987.55	1194.12	1292.21	14.30%	5.52%
2032	3676.16	2116.07	840.92	719.17	4760.32	2141.29	1258.70	1360.33	14.30%	5.94%
2033	3923.39	2258.09	897.41	767.89	5057.25	2300.68	1330.02	1426.55	14.30%	6.35%
2034	4190.67	2413.02	957.24	820.41	5365.00	2462.21	1406.95	1495.84	14.30%	6.74%
2035	4481.66	2582.35	1022.75	876.56	5679.35	2624.15	1485.78	1569.42	14.30%	7.12%
2036	4764.57	2750.63	1086.07	927.87	5991.95	2780.17	1565.24	1646.54	14.30%	7.49%
2037	5060.90	2935.64	1148.04	977.22	6322.95	2929.42	1658.25	1735.28	14.30%	7.87%
2038	5375.00	3126.71	1218.09	1030.20	6670.53	3095.44	1747.87	1827.22	14.30%	8.23%
2039	5725.13	3340.37	1297.86	1086.90	7050.31	3275.98	1842.22	1932.11	14.30%	8.60%
2040	6093.19	3568.92	1381.21	1143.06	7447.94	3457.42	1942.69	2047.83	14.30%	8.95%
2041	6450.90	3787.08	1455.65	1208.17	7829.63	3638.88	2049.90	2140.85	14.30%	9.29%
2042	6805.23	4001.94	1526.27	1277.02	8266.55	3855.96	2174.36	2236.23	14.30%	9.64%
2043	7184.59	4236.74	1600.44	1347.41	8696.47	4056.18	2302.34	2337.95	14.30%	9.95%
2044	7576.77	4480.54	1670.57	1425.66	9151.24	4264.82	2450.36	2436.06	14.30%	10.26%
2045	7983.70	4732.69	1738.94	1512.07	9628.79	4485.15	2613.35	2530.29	14.30%	10.55%
2046	8358.40	4957.95	1816.71	1583.74	10102.99	4727.28	2741.36	2634.35	14.30%	10.83%
2047	8731.47	5174.06	1898.86	1658.55	10631.30	5019.06	2871.15	2741.09	14.30%	11.11%
2048	9117.38	5400.74	1982.98	1733.66	11181.73	5317.43	3008.50	2855.80	14.30%	11.37%
2049	9513.71	5621.82	2077.31	1814.58	11775.34	5664.13	3137.73	2973.48	14.30%	11.62%
2050	9920.39	5843.38	2182.34	1894.67	12408.29	6046.50	3258.45	3103.34	14.30%	11.85%
2051	10318.12	6081.60	2268.24	1968.28	12951.19	6329.71	3395.90	3225.58	14.30%	12.05%
2052	10736.85	6332.77	2358.56	2045.52	13502.66	6615.18	3535.66	3351.82	14.30%	12.25%
2053	11168.61	6592.41	2449.71	2126.49	14082.36	6914.49	3686.06	3481.81	14.30%	12.43%
2054	11628.33	6877.81	2548.36	2202.16	14654.05	7187.39	3834.57	3632.09	14.30%	12.59%
2055	12113.49	7187.09	2646.28	2280.12	15228.09	7439.68	3998.39	3790.02	14.30%	12.75%

年份	基金财务运行状况(亿元)								变化幅度	
	基金收入				基金支出				基金收入	基金支出
	总计	男性	女干部	女工人	总计	男性	女干部	女工人	总计	总计
2056	12517.45	7435.71	2734.91	2346.83	15866.23	7769.68	4152.32	3944.23	14.30%	12.90%
2057	12935.81	7693.53	2828.21	2414.07	16531.89	8113.94	4309.94	4108.01	14.30%	13.05%
2058	13358.99	7951.10	2926.01	2481.88	17249.64	8496.74	4470.81	4282.09	14.30%	13.18%
2059	13796.76	8227.33	3017.48	2551.95	17997.40	8873.17	4659.76	4464.47	14.30%	13.30%
2060	14246.18	8498.59	3111.53	2636.06	18801.47	9306.95	4859.07	4635.45	14.30%	13.40%
2061	14617.31	8735.95	3189.94	2691.42	19598.79	9720.49	5052.48	4825.82	14.30%	13.50%
2062	14998.99	8983.58	3268.66	2746.75	20430.30	10143.72	5258.72	5027.86	14.30%	13.58%
2063	15390.09	9240.26	3347.50	2802.33	21283.26	10572.44	5473.90	5236.92	14.30%	13.66%
2064	15763.83	9477.09	3428.14	2858.60	22236.31	11087.30	5696.73	5452.28	14.30%	13.73%
2065	16157.00	9717.21	3523.78	2916.01	23205.06	11629.08	5899.04	5676.94	14.30%	13.80%

注:变化幅度是与仅实施"减税降费"的情况(即表4-18)相比,下同。

　　表5-5为降低养老保险缴费率且征缴率提高至90%的情况下,湖北省城镇职工基本养老保险基金支出的详细情况。由表5-5可以看出,基础养老金支出从2022年的1447.72亿元上升至2065年的14652.61亿元,大约为2022年的10.12倍,年平均增长率为5.53%;过渡性养老金支出从2022年的730.14亿元上升至2035年的1209.06亿元,自2036年后呈现下降趋势,2065年降为100.48亿元;个人账户养老金支出也同样呈现上升趋势,从2022年的190.70亿元上升至2065年的8451.97亿元,大约为2022年的44.32倍,年平均增长率为9.22%。可见,在此情况下,湖北省城镇职工基本养老保险基金支出中的大头仍为基础养老金支出。

表 5-5　湖北省城镇职工基本养老保险基金支出详细情况

(降低养老保险缴费率且征缴率提高至90%)　　　　　单位:亿元

年份	基金支出	基础养老金支出	过渡性养老金支出	个人账户养老金支出
2022	2368.56	1447.72	730.14	190.70
2023	2572.41	1563.95	786.83	221.63
2024	2773.93	1679.80	840.02	254.11
2025	2990.64	1806.42	893.04	291.18
2026	3202.93	1932.12	940.12	330.69

续表5-5

年份	基金支出	基础养老金支出	过渡性养老金支出	个人账户养老金支出
2027	3414.97	2058.92	983.82	372.23
2028	3664.80	2211.73	1029.24	423.83
2029	3922.02	2371.75	1070.67	479.60
2030	4202.78	2549.45	1110.04	543.29
2031	4473.88	2724.72	1139.44	609.72
2032	4760.32	2912.91	1164.69	682.72
2033	5057.25	3110.65	1185.08	761.52
2034	5365.00	3318.58	1200.00	846.42
2035	5679.35	3534.11	1209.06	936.18
2036	5991.95	3753.21	1206.86	1031.88
2037	6322.95	3986.47	1201.07	1135.41
2038	6670.53	4232.00	1191.52	1247.01
2039	7050.31	4503.32	1176.15	1370.84
2040	7447.94	4787.73	1157.74	1502.47
2041	7829.63	5062.54	1130.47	1636.62
2042	8266.55	5374.09	1100.21	1792.25
2043	8696.47	5680.68	1067.12	1948.67
2044	9151.24	6005.31	1029.66	2116.27
2045	9628.79	6343.57	989.95	2295.27
2046	10102.99	6677.33	943.95	2481.71
2047	10631.30	7042.36	896.42	2692.52
2048	11181.73	7418.50	847.92	2915.31
2049	11775.34	7821.23	796.29	3157.82
2050	12408.29	8244.86	743.99	3419.44
2051	12951.19	8607.84	688.44	3654.91
2052	13502.66	8970.96	634.15	3897.55
2053	14082.36	9347.06	579.92	4155.38
2054	14654.05	9714.47	527.14	4412.44
2055	15228.09	10079.57	475.28	4673.24

年份	基金支出	基础养老金支出	过渡性养老金支出	个人账户养老金支出
2056	15866.23	10473.37	424.00	4968.86
2057	16531.89	10877.14	375.81	5278.94
2058	17249.64	11305.87	329.73	5614.04
2059	17997.40	11747.22	287.85	5962.33
2060	18801.47	12213.83	250.53	6337.11
2061	19598.79	12667.28	214.78	6716.73
2062	20430.30	13134.19	183.86	7112.25
2063	21283.26	13607.14	153.25	7522.87
2064	22236.31	14129.16	124.30	7982.85
2065	23205.06	14652.61	100.48	8451.97

注:基金支出＝基础养老金支出＋过渡性养老金支出＋个人账户养老金支出＋个人账户返还性支出。

三、征缴率提高至100％时对基金收支运行状况的影响

基于"减税降费"的背景,本书分析征缴率提高至100％时对2022—2065年湖北省城镇职工基本养老保险基金的收支运行状况的影响,具体数据见表5-6。由表5-6可见,2022—2065年城镇职工基本养老保险基金的收入和支出均呈上升趋势,基金收入从2022年的2126.17亿元上升至2065年的17952.22亿元,大约为2022年的8.44倍,年平均增长率为5.09％。与仅实施"减税降费"政策的情况相比,2022—2065年湖北省城镇职工基本养老保险基金收入增加27％。基金支出从2022年的2395.13亿元上升至2065年的25703.91亿元,大约为2022年的10.73倍,年平均增长率为5.67％。与仅实施"减税降费"政策的情况相比,2022—2065年湖北省城镇职工基本养老保险基金支出增加2.42％～26.05％。

表5-6 湖北省城镇职工基本养老保险基金的收支运行状况

(降低养老保险缴费率且征缴率提高至100％)

年份	基金财务运行状况(亿元)								变化幅度	
	基金收入				基金支出				基金收入	基金支出
	总计	男性	女干部	女工人	总计	男性	女干部	女工人	总计	总计
2022	2126.17	1206.77	501.12	418.28	2395.13	934.62	654.72	805.79	27.00％	2.42％
2023	2268.09	1289.48	533.11	445.50	2613.87	1043.62	710.70	859.55	27.00％	3.49％

续表5-6

年份	基金财务运行状况（亿元）								变化幅度	
	基金收入				基金支出				基金收入	基金支出
	总计	男性	女干部	女工人	总计	男性	女干部	女工人	总计	总计
2024	2425.72	1382.98	567.94	474.80	2830.30	1147.23	768.17	914.90	27.00%	4.42%
2025	2591.84	1482.30	602.73	506.81	3063.75	1259.40	833.10	971.25	27.00%	5.34%
2026	2768.73	1587.42	640.37	540.94	3293.65	1372.36	895.82	1025.47	27.00%	6.22%
2027	2964.68	1704.53	680.66	579.49	3523.72	1482.24	961.75	1079.73	27.00%	7.02%
2028	3164.75	1820.09	724.63	620.03	3795.81	1626.18	1030.82	1138.81	27.00%	7.92%
2029	3383.94	1947.94	772.81	663.19	4076.55	1772.44	1102.14	1201.97	27.00%	8.77%
2030	3617.78	2080.63	826.06	711.09	4383.67	1941.60	1175.12	1266.95	27.00%	9.62%
2031	3853.32	2216.72	879.04	757.56	4681.84	2104.13	1246.14	1331.57	27.00%	10.43%
2032	4084.62	2351.18	934.36	799.08	4997.52	2274.69	1317.01	1405.82	27.00%	11.22%
2033	4359.32	2508.99	997.12	853.21	5325.43	2451.76	1395.51	1478.16	27.00%	11.99%
2034	4656.30	2681.14	1063.60	911.56	5665.99	2631.50	1480.38	1554.11	27.00%	12.73%
2035	4979.63	2869.28	1136.39	973.96	6014.51	2811.93	1567.57	1635.01	27.00%	13.44%
2036	5293.96	3056.26	1206.75	1030.95	6362.93	2986.51	1655.97	1720.45	27.00%	14.15%
2037	5623.22	3261.82	1275.60	1085.80	6732.52	3154.00	1759.54	1818.98	27.00%	14.85%
2038	5972.22	3474.12	1353.43	1144.67	7121.21	3340.28	1859.61	1921.32	27.00%	15.55%
2039	6361.26	3711.52	1442.07	1207.67	7546.07	3542.73	1965.13	2038.21	27.00%	16.23%
2040	6770.22	3965.47	1534.68	1270.07	7991.29	3746.34	2077.60	2167.35	27.00%	16.90%
2041	7167.67	4207.86	1617.39	1342.42	8420.73	3950.50	2198.11	2272.12	27.00%	17.54%
2042	7561.36	4446.59	1695.86	1418.91	8911.74	4194.02	2337.97	2379.75	27.00%	18.19%
2043	7982.88	4707.49	1778.27	1497.12	9395.71	4419.04	2482.00	2494.67	27.00%	18.80%
2044	8418.63	4978.38	1856.19	1584.06	9907.50	4653.39	2648.27	2605.84	27.00%	19.37%
2045	8870.78	5258.55	1932.16	1680.07	10444.93	4900.64	2831.31	2712.98	27.00%	19.92%
2046	9287.11	5508.83	2018.56	1759.72	10980.06	5172.13	2976.15	2831.78	27.00%	20.46%
2047	9701.63	5748.95	2109.84	1842.84	11575.52	5498.52	3123.11	2953.89	27.00%	20.98%
2048	10130.42	6000.83	2203.31	1926.28	12195.83	5832.13	3278.55	3085.15	27.00%	21.47%

续表5-6

年份	基金财务运行状况（亿元）								变化幅度	
	基金收入				基金支出				基金收入	基金支出
	总计	男性	女干部	女工人	总计	男性	女干部	女工人	总计	总计
2049	10570.79	6246.47	2308.13	2016.19	12863.73	6219.06	3425.08	3219.59	27.00%	21.93%
2050	11022.65	6492.65	2424.82	2105.18	13575.44	6645.48	3562.27	3367.69	27.00%	22.37%
2051	11464.57	6757.33	2520.26	2186.98	14188.42	6962.29	3718.30	3507.83	27.00%	22.76%
2052	11929.84	7036.41	2620.62	2272.81	14810.89	7281.47	3876.98	3652.44	27.00%	23.12%
2053	12409.56	7324.90	2721.90	2362.76	15464.80	7616.08	4047.43	3801.29	27.00%	23.46%
2054	12920.37	7642.01	2831.51	2446.85	16109.74	7921.44	4215.63	3972.67	27.00%	23.78%
2055	13459.43	7985.65	2940.31	2533.47	16757.39	8204.10	4400.74	4152.55	27.00%	24.07%
2056	13908.27	8261.90	3038.79	2607.58	17476.58	8573.33	4574.82	4328.43	27.00%	24.36%
2057	14373.12	8548.37	3142.45	2682.30	18226.21	8958.65	4752.72	4514.84	27.00%	24.63%
2058	14843.32	8834.55	3251.12	2757.65	19033.53	9386.92	4934.09	4712.52	27.00%	24.88%
2059	15329.73	9141.48	3352.76	2835.49	19873.37	9807.82	5146.41	4919.14	27.00%	25.11%
2060	15829.09	9442.88	3457.26	2928.95	20774.89	10292.24	5369.92	5112.73	27.00%	25.31%
2061	16241.45	9706.61	3544.38	2990.46	21668.50	10753.84	5586.86	5327.80	27.00%	25.48%
2062	16665.55	9981.76	3631.84	3051.95	22599.42	11226.23	5817.80	5555.39	27.00%	25.64%
2063	17100.10	10266.96	3719.44	3113.70	23554.51	11704.81	6058.91	5790.79	27.00%	25.79%
2064	17515.37	10530.10	3809.04	3176.23	24620.83	12279.16	6308.49	6033.18	27.00%	25.93%
2065	17952.22	10796.90	3915.31	3240.01	25703.91	12883.40	6535.05	6285.46	27.00%	26.05%

注：变化幅度是与仅实施"减税降费"的情况（即表4-18）相比，下同。

表5-7为降低养老保险缴费率且征缴率提高至100%的情况下，湖北省城镇职工基本养老保险基金支出的详细情况。从表5-7可以看出，基础养老金支出从2022年的1466.65亿元上升至2065年的16276.93亿元，大约为2022年的11.1倍，年平均增长率为5.76%；过渡性养老金支出从2022年的737.09亿元上升至2035年的1253.30亿元，自2036年后呈现下降趋势，2065年降为110.25亿元；个人账户养老金支出也同样呈现上升趋势，从2022年的191.39亿元上升至2065年的9316.73亿元，大约为2022年的48.68倍，年平均增长率为9.46%。可见，在此情况下，湖北省城镇职工基本养老保险基金支出中的大头仍为基础养老金支出。

表 5-7 湖北省城镇职工基本养老保险基金支出的详细情况

（降低养老保险缴费率且征缴率提高至 100％） 单位：亿元

年份	基金支出	基础养老金支出	过渡性养老金支出	个人账户养老金支出
2022	2395.13	1466.65	737.09	191.39
2023	2613.87	1593.53	797.30	223.04
2024	2830.30	1720.22	853.69	256.39
2025	3063.75	1859.12	909.99	294.64
2026	3293.65	1997.89	960.18	335.58
2027	3523.72	2138.17	1006.80	378.75
2028	3795.81	2307.66	1055.53	432.62
2029	4076.55	2485.43	1100.08	491.04
2030	4383.67	2683.12	1142.61	557.94
2031	4681.84	2879.10	1174.74	628.00
2032	4997.52	3089.71	1202.58	705.23
2033	5325.43	3311.27	1225.35	788.81
2034	5665.99	3544.51	1242.41	879.07
2035	6014.51	3786.45	1253.30	974.76
2036	6362.93	4033.34	1252.43	1077.16
2037	6732.52	4296.36	1247.91	1188.25
2038	7121.21	4573.34	1239.57	1308.30
2039	7546.07	4878.88	1225.31	1441.88
2040	7991.29	5199.16	1207.90	1584.23
2041	8420.73	5509.67	1181.28	1729.78
2042	8911.74	5861.23	1151.51	1899.00
2043	9395.71	6207.48	1118.73	2069.50
2044	9907.50	6573.56	1081.37	2252.57
2045	10444.93	6954.91	1041.55	2448.47
2046	10980.06	7331.84	994.98	2653.24
2047	11575.52	7743.76	946.65	2885.11

年份	基金支出	基础养老金支出	过渡性养老金支出	个人账户养老金支出
2048	12195.83	8168.09	897.11	3130.63
2049	12863.73	8621.36	844.19	3398.18
2050	13575.44	9097.81	790.36	3687.27
2051	14188.42	9507.01	732.85	3948.56
2052	14810.89	9916.19	676.39	4218.31
2053	15464.80	10339.69	619.83	4505.28
2054	16109.74	10753.26	564.58	4791.90
2055	16757.39	11164.07	510.14	5083.18
2056	17476.58	11606.55	456.09	5413.94
2057	18226.21	12059.77	405.12	5761.32
2058	19033.53	12540.51	356.32	6136.70
2059	19873.37	13034.71	311.80	6526.86
2060	20774.89	13556.39	271.95	6946.55
2061	21668.50	14062.82	233.49	7372.19
2062	22599.42	14583.73	200.12	7815.57
2063	23554.51	15111.45	167.15	8275.91
2064	24620.83	15693.60	135.97	8791.26
2065	25703.91	16276.93	110.25	9316.73

注:基金支出＝基础养老金支出＋过渡性养老金支出＋个人账户养老金支出＋个人账户返还性支出。

　　基于"减税降费"的背景,本书分析了征收体制改革对湖北省城镇职工基本养老保险基金收支运行状况的影响,下面将进一步分析征收体制改革对湖北省城镇职工基本养老保险基金累计结余状况的影响。

第四节　征收体制改革对湖北省基本
养老保险基金累计结余的影响

一、征缴率提高至80.94％时对基金累计结余的影响

　　如前所述,养老保险缴费率降低3％且征缴率提高至80.94％后,基金收入规模和

基金支出规模均有所增加,从而影响湖北省城镇职工基本养老保险基金的结余规模(当期结余和累计结余)。从表 5-8 可以看出,在此情况下,2022 年湖北省城镇职工基本养老保险基金的收支差(当期结余)为 −626.91 亿元,即 2022 年的当期赤字为 626.91亿元,如果不采取有效措施,基金的收不抵支(即入不敷出)状况会一直持续,当期赤字也会逐年扩大,2065 年当期赤字为 6397.92 亿元。

长期的当期赤字状况使得基金不得不动用过去积累的资金来保证养老金的正常发放。2022 年及以前湖北省城镇职工基本养老保险基金的累计结余一直为正,但是截至 2023 年,湖北省城镇职工基本养老保险基金的累计结余使用完毕,湖北省城镇职工基本养老保险基金在 2023 年开始出现累计赤字,2023 年累计赤字为 218.43 亿元,2024 年及以后累计赤字规模逐年扩大,2065 年湖北省城镇职工基本养老保险基金累计赤字额度为 147003.15 亿元,与仅实施"减税降费"的情况相比,2065 年累计赤字规模下降 0.40%。可见,在"减税降费"的背景下,当实施征收体制改革且征缴率提高至 80.94%时,基金仍在 2023 年开始出现累计赤字,但 2065 年累计赤字规模可以降低 0.40%。

表 5-8　湖北省城镇职工基本养老保险基金的累计结余
(降低养老保险缴费率且征缴率提高至 80.94%)

年份	基金财务运行状况(亿元)		变化幅度	
	当期结余	累计结余	当期结余	累计结余
2022	−626.91	489.30	−5.66%	8.55%
2023	−702.40	−218.43	−5.06%	−26.28%
2024	−762.83	−1005.79	−4.70%	−10.53%
2025	−829.92	−1881.60	−4.33%	−7.83%
2026	−883.09	−2833.81	−4.08%	−6.67%
2027	−920.22	−3847.88	−3.96%	−6.02%
2028	−987.89	−4956.66	−3.65%	−5.54%
2029	−1046.37	−6153.11	−3.43%	−5.18%
2030	−1113.91	−7448.70	−3.18%	−4.88%
2031	−1169.78	−8833.94	−2.97%	−4.62%
2032	−1242.41	−10328.26	−2.71%	−4.39%
2033	−1288.86	−11907.55	−2.56%	−4.19%
2034	−1326.45	−13564.85	−2.45%	−4.02%

年份	基金财务运行状况（亿元）		变化幅度	
	当期结余	累计结余	当期结余	累计结余
2035	−1348.12	−15285.79	−2.38%	−3.87%
2036	−1373.77	−17076.05	−2.28%	−3.74%
2037	−1403.19	−18941.22	−2.15%	−3.63%
2038	−1430.94	−20881.46	−2.03%	−3.52%
2039	−1454.88	−22894.75	−1.91%	−3.41%
2040	−1478.27	−24982.34	−1.79%	−3.32%
2041	−1494.85	−27139.12	−1.67%	−3.22%
2042	−1563.83	−29420.53	−1.41%	−3.13%
2043	−1603.39	−31799.52	−1.23%	−3.03%
2044	−1653.57	−34289.42	−1.03%	−2.93%
2045	−1710.63	−36900.05	−0.83%	−2.84%
2046	−1792.32	−39659.68	−0.58%	−2.73%
2047	−1923.79	−42623.06	−0.27%	−2.62%
2048	−2063.38	−45803.60	0.01%	−2.50%
2049	−2232.70	−49237.21	0.28%	−2.38%
2050	−2427.95	−52956.79	0.54%	−2.24%
2051	−2549.20	−56893.64	0.72%	−2.11%
2052	−2659.31	−61041.77	0.88%	−1.98%
2053	−2783.02	−65420.41	1.04%	−1.85%
2054	−2874.51	−70002.29	1.16%	−1.73%
2055	−2945.19	−74771.17	1.27%	−1.61%
2056	−3145.94	−79865.04	1.43%	−1.49%
2057	−3358.61	−85304.24	1.57%	−1.37%
2058	−3613.86	−91141.06	1.70%	−1.25%
2059	−3883.72	−97400.40	1.82%	−1.13%
2060	−4194.46	−104134.73	1.92%	−1.01%
2061	−4569.79	−111422.13	2.01%	−0.89%

续表5-8

年份	基金财务运行状况（亿元）		变化幅度	
	当期结余	累计结余	当期结余	累计结余
2062	−4966.95	−119298.81	2.09％	−0.76％
2063	−5374.59	−127790.23	2.15％	−0.64％
2064	−5887.60	−137019.78	2.22％	−0.52％
2065	−6397.92	−147003.15	2.27％	−0.40％

注：变化幅度是与仅实施"减税降费"的情况（即表4-19）相比。

二、征缴率提高至90％时对基金累计结余的影响

如前所述，养老保险缴费率降低3％且征缴率提高至90％后，基金收入规模和基金支出规模均有所增加，从而影响湖北省城镇职工基本养老保险基金的结余规模（当期结余和累计结余）。从表5-9可以看出，在此情况下，2022年湖北省城镇职工基本养老保险基金的收支差（当期结余）为−455.00亿元，即2022年的当期赤字为455.00亿元，如果不采取有效措施，基金的收不抵支（即入不敷出）状况会一直持续，当期赤字也会逐年扩大，2065年当期赤字为7048.07亿元。

长期的当期赤字状况使得基金不得不动用过去积累的资金来保证养老金的正常发放。从表5-9可以看出，2023年及以前湖北省城镇职工基本养老保险基金的累计结余一直为正，但是截至2024年，湖北省城镇职工基本养老保险基金的累计结余使用完毕，湖北省城镇职工基本养老保险基金在2024年开始出现累计赤字，2024年累计赤字为464.38亿元，2025年及以后累计赤字规模逐年扩大，2065年湖北省城镇职工基本养老保险基金累计赤字额度为144331.51亿元，与仅实施"减税降费"的情况相比，2065年累计赤字规模下降2.26％。可见，在"减税降费"的背景下，当实施征收体制改革且征缴率提高至90％时，基金仍会出现累计赤字，但2065年累计赤字规模可以降低2.26％。

表5-9　湖北省城镇职工基本养老保险基金的累计结余

（降低养老保险缴费率且征缴率提高至90％）

年份	基金财务运行状况（亿元）		变化幅度	
	当期结余	累计结余	当期结余	累计结余
2022	−455.00	665.50	−31.53％	47.63％
2023	−531.13	137.73	−28.21％	−146.48％
2024	−590.78	−464.38	−26.19％	−58.69％

年份	基金财务运行状况（亿元）		变化幅度	
	当期结余	累计结余	当期结余	累计结余
2025	−657.99	−1150.43	−24.15%	−43.65%
2026	−711.08	−1908.04	−22.77%	−37.16%
2027	−746.76	−2721.17	−22.06%	−33.54%
2028	−816.52	−3626.13	−20.37%	−30.90%
2029	−876.47	−4615.17	−19.11%	−28.88%
2030	−946.77	−5701.00	−17.70%	−27.20%
2031	−1005.89	−6874.56	−16.57%	−25.78%
2032	−1084.16	−8157.69	−15.10%	−24.49%
2033	−1133.86	−9523.83	−14.28%	−23.37%
2034	−1174.33	−10965.61	−13.63%	−22.41%
2035	−1197.69	−12467.38	−13.27%	−21.60%
2036	−1227.39	−14037.14	−12.69%	−20.87%
2037	−1262.05	−15681.67	−11.99%	−20.21%
2038	−1295.53	−17401.63	−11.30%	−19.59%
2039	−1325.18	−19194.97	−10.66%	−19.02%
2040	−1354.75	−21063.47	−10.00%	−18.48%
2041	−1378.73	−23003.25	−9.31%	−17.97%
2042	−1461.32	−25076.18	−7.88%	−17.43%
2043	−1511.87	−27252.76	−6.87%	−16.90%
2044	−1574.47	−29547.91	−5.77%	−16.36%
2045	−1645.09	−31972.83	−4.63%	−15.81%
2046	−1744.60	−34560.36	−3.23%	−15.24%
2047	−1899.83	−37371.69	−1.51%	−14.62%
2048	−2064.35	−40421.94	0.06%	−13.96%
2049	−2261.63	−43750.67	1.58%	−13.26%
2050	−2487.90	−47394.53	3.03%	−12.51%
2051	−2633.07	−51278.30	4.04%	−11.77%

续表5-9

年份	基金财务运行状况（亿元）		变化幅度	
	当期结余	累计结余	当期结余	累计结余
2052	−2765.81	−55395.20	4.92%	−11.05%
2053	−2913.75	−59766.68	5.78%	−10.34%
2054	−3025.72	−64362.21	6.49%	−9.65%
2055	−3114.61	−69163.73	7.10%	−8.99%
2056	−3348.78	−74325.33	7.97%	−8.33%
2057	−3596.09	−79869.45	8.75%	−7.66%
2058	−3890.65	−85854.10	9.49%	−6.98%
2059	−4200.64	−92306.12	10.12%	−6.30%
2060	−4555.29	−99282.95	10.68%	−5.62%
2061	−4981.49	−106871.05	11.20%	−4.93%
2062	−5431.31	−115109.92	11.63%	−4.25%
2063	−5893.18	−124028.17	12.01%	−3.56%
2064	−6472.48	−133763.17	12.37%	−2.88%
2065	−7048.07	−144331.51	12.66%	−2.26%

注：变化幅度是与仅实施"减税降费"的情况（即表4-19）相比。

三、征缴率提高至100%时对基金累计结余的影响

如前所述，养老保险缴费率降低3%且征缴率提高至100%后，基金收入规模和基金支出规模均有所增加，从而影响湖北省城镇职工基本养老保险基金的结余规模（当期结余和累计结余）。从表5-10可以看出，在此情况下，2022年湖北省城镇职工基本养老保险基金的收支差（当期结余）为−268.96亿元，即2022年的当期赤字为268.96亿元，如不采取有效措施，基金的收不抵支（即入不敷出）状况会一直持续，当期赤字也会逐年扩大，2065年当期赤字为7751.69亿元。

长期的当期赤字状况使得基金不得不动用过去积累的资金来保证养老金的正常发放。从表5-10可以看出，2024年及以前湖北省城镇职工基本养老保险基金的累计结余一直为正，但是截至2025年，湖北省城镇职工基本养老保险基金的累计结余使用完毕，湖北省城镇职工基本养老保险基金在2025年开始出现累计赤字，2025年累计赤字为359.11亿元，2026年及以后累计赤字规模逐年扩大，2065年湖北省城镇职工基本养老保险基金累计赤字额度为141440.14亿元，与仅实施"减税降费"的情况

相比，2065 年累计赤字规模下降 4.35％。可见，在"减税降费"的背景下，当实施征收体制改革且征缴率提高至 100％时，基金开始出现累计赤字的时点延迟至 2025 年，且 2065 年累计赤字规模降低 4.35％。

表 5-10　湖北省城镇职工基本养老保险基金的累计结余

（降低养老保险缴费率且征缴率提高至 100％）

年份	基金财务运行状况（亿元）		变化幅度	
	当期结余	累计结余	当期结余	累计结余
2022	−268.96	856.20	−59.52％	89.94％
2023	−345.78	523.18	−53.26％	−276.58％
2024	−404.58	121.56	−49.45％	−110.81％
2025	−471.91	−359.11	−45.60％	−82.41％
2026	−524.92	−906.13	−42.99％	−70.16％
2027	−559.04	−1501.79	−41.65％	−63.32％
2028	−631.06	−2186.17	−38.45％	−58.34％
2029	−692.60	−2950.74	−36.08％	−54.53％
2030	−765.89	−3809.54	−33.43％	−51.35％
2031	−828.52	−4754.01	−31.28％	−48.67％
2032	−912.90	−5808.58	−28.51％	−46.23％
2033	−966.11	−6944.06	−26.96％	−44.13％
2034	−1009.69	−8152.59	−25.74％	−42.32％
2035	−1034.88	−9417.15	−25.06％	−40.78％
2036	−1068.97	−10748.27	−23.96％	−39.41％
2037	−1109.30	−12154.01	−22.65％	−38.16％
2038	−1148.98	−13635.57	−21.33％	−37.00％
2039	−1184.81	−15190.88	−20.12％	−35.91％
2040	−1221.07	−16822.26	−18.88％	−34.90％
2041	−1253.05	−18527.19	−17.58％	−33.93％
2042	−1350.38	−20374.52	−14.87％	−32.91％
2043	−1412.83	−22332.02	−12.97％	−31.90％
2044	−1488.87	−24416.41	−10.89％	−30.88％

续表5-10

年份	基金财务运行状况（亿元）		变化幅度	
	当期结余	累计结余	当期结余	累计结余
2045	−1574.15	−26640.33	−8.74％	−29.85％
2046	−1692.95	−29041.61	−6.09％	−28.78％
2047	−1873.89	−31688.39	−2.86％	−27.60％
2048	−2065.41	−34597.64	0.11％	−26.36％
2049	−2292.94	−37812.85	2.99％	−25.03％
2050	−2552.78	−41374.77	5.71％	−23.62％
2051	−2723.85	−45201.09	7.63％	−22.23％
2052	−2881.06	−49284.20	9.30％	−20.86％
2053	−3055.24	−53647.92	10.92％	−19.52％
2054	−3189.37	−58258.22	12.24％	−18.22％
2055	−3297.96	−63095.08	13.40％	−16.98％
2056	−3568.31	−68329.97	15.05％	−15.72％
2057	−3853.09	−73987.64	16.52％	−14.46％
2058	−4190.21	−80132.30	17.92％	−13.18％
2059	−4543.64	−86792.83	19.12％	−11.90％
2060	−4945.81	−94032.10	20.17％	−10.61％
2061	−5427.05	−101945.63	21.15％	−9.31％
2062	−5933.87	−110576.49	21.96％	−8.02％
2063	−6454.41	−119956.67	22.68％	−6.73％
2064	−7105.46	−130238.69	23.36％	−5.44％
2065	−7751.69	−141440.14	23.91％	−4.35％

注：变化幅度是与仅实施"减税降费"的情况（即表4-19）相比。

本 章 小 结

本章基于"减税降费"的背景，分析征收体制改革对湖北省城镇职工基本养老保险基金财务运行状况的影响，最终发现：第一，当征缴率提高至80.94％时，湖北省城镇职工基本养老保险基金分别在2022年和2023年开始出现当期赤字和累计赤字，

2065 年累计赤字额度为 147003.15 亿元,与仅实施"减税降费"的情况相比,基金开始出现当期赤字和累计赤字的时点没有发生变化,但 2065 年累计赤字下降 0.40%;第二,当征缴率提高至 90% 时,湖北省城镇职工基本养老保险基金分别在 2022 年和 2024 年开始出现当期赤字和累计赤字,2065 年累计赤字额度为 144331.51 亿元,与仅实施"减税降费"的情况相比,基金开始出现当期赤字的时点没有发生变化,基金开始出现累计赤字的时点推迟 1 年,2065 年累计赤字下降 2.26%;第三,当征缴率提高至 100% 时,湖北省城镇职工基本养老保险基金分别在 2022 年和 2025 年开始出现当期赤字和累计赤字,2065 年累计赤字额度为 141440.14 亿元,与仅实施"减税降费"的情况相比,基金开始出现当期赤字的时点没有发生变化,但是基金开始出现累计赤字的时点向后延迟 2 年,2065 年累计赤字下降 4.35%(表 5-11)。可见,社会保险费征收体制改革可以改善湖北省城镇职工基本养老保险基金的财务运行状况。

表 5-11 湖北省城镇职工基本养老保险基金财务运行状况总结
(实施"减税降费"政策和征收体制改革)

模拟情形	当期赤字时点	累计赤字时点	2065 年累计赤字 (亿元)	2065 年累计赤字 减少幅度
实施"减税降费" 政策	2022—2065	2023—2065	147587.20	—
实施"减税降费"政策且 征缴率提高至 80.94%	2022—2065	2023—2065	147003.15	0.40%
实施"减税降费"政策且 征缴率提高至 90%	2022—2065	2024—2065	144331.51	2.26%
实施"减税降费"政策且 征缴率提高至 100%	2022—2065	2025—2065	141440.14	4.35%

注:减少幅度是与仅实施"减税降费"的情况相比。

第六章 结论与对策建议

第一节 结 论

现阶段,为激发市场主体活力,促进经济稳定健康发展,2019 年上半年湖北省出台了一系列"减税降费"政策,如《湖北省人民政府办公厅关于印发〈湖北省降低社会保险费率综合实施方案〉的通知》(鄂政办发〔2019〕33 号)指出,湖北省城镇职工基本养老保险单位缴费比例由 19% 降至 16%,即湖北省城镇职工基本养老保险缴费率降低 3%。可见,湖北省高度重视降低企业负担、优化营商环境这一问题,"减税降费"对解决上述问题具有重要意义。

然而,湖北省人口老龄化程度呈现不断加深的趋势。截至 2021 年年底,湖北省65 岁及以上人口占总人口的比重达 15.42%,较 2021 年全国平均水平高出 1.2%。人口老龄化程度的加深导致湖北省基本养老保险基金可持续性受到冲击。以湖北省城镇职工基本养老保险基金为例,截至 2021 年年底,基金累计结余 1104.27 亿元,但是2002—2021 年城镇职工基本养老保险基金支出的年平均增长速度(18.00%)已快于基金收入(不含财政补贴)的年平均增长速度(15.62%),且别除财政补贴后,自 2002年起,征缴收入已无法应对基金支出;即使包含财政补贴,自 2016 年起,基金收入也无法应对基金支出。可见,随着人口老龄化程度的加深,湖北省基本养老保险基金的支付压力已逐步凸显。

"十三五"规划、党的十九大报告、《2019 年国务院政府工作报告》均指出要实现社会保险基金(含城镇职工基本养老保险基金)可持续。然而,当其他条件不变时,"减税降费"政策(降低养老保险缴费率 3%)使得城镇职工基本养老保险基金收入减少,基金可持续性将受到冲击。那么,在"减税降费"的大背景下,有必要分析降低养老保险缴费率对湖北省城镇职工基本养老保险基金可持续性的影响,并分析各项政策调整方案对湖北省城镇职工基本养老保险基金可持续性的影响,以期在政府稳步推动"减税降费"政策的基础上,保证湖北省乃至我国城镇职工基本养老保险基金可持续运行,促进整个社会保障体系稳定健康发展,保证广大人民的社会福利水平不受影响。

本书以湖北省城镇职工基本养老保险基金为例,通过建立精算模型,分析降低缴费率对湖北省城镇职工基本养老保险基金可持续性的影响,并进一步模拟各项政策调整方案(如社会保险费征收体制改革、提升"全面二孩"生育意愿、延迟退休年龄政策)对湖北省城镇职工基本养老保险基金可持续性的影响,并根据实证分析结果,提出关于稳步推进社会保险费征收体制改革、鼓励生育、尽快出台延迟退休年龄方案等的政策建议。

在精算模拟分析中,作如下设定:①在未实施社会保险费征收体制改革的情况下,湖北省城镇职工基本养老保险征缴率仍为 78.74%;②在未出台措施以提升"全面二孩"生育意愿的情况下,湖北省"全面二孩"生育意愿仍为 20.5%;③在未延迟退休年龄的情况下,湖北省城镇职工的退休年龄仍为男性 60 岁、女干部 55 岁、女工人50 岁。

根据模拟分析结果,得出如下结论:

在无任何政策干预(未实施社会保险费征收体制改革、未提升"全面二孩"生育意愿)、未延迟退休年龄的情况下,在测算期内(2022—2065 年),湖北省城镇职工基本养老保险基金一直出现当期赤字(收不抵支),并于 2024 年开始出现累计赤字,2065 年累计赤字高达 89122.68 亿元;第二,如果实施"减税降费"政策(养老保险缴费率降低3%),湖北省城镇职工基本养老保险基金在 2022—2065 年一直出现当期赤字(收不抵支),并于 2023 年开始出现累计赤字,2065 年累计赤字高达 147587.20 亿元,与无任何政策干预的情况相比,2065 年累计赤字规模增加 65.6%。可见,无论是在无任何政策干预的情况下,还是在实施"减税降费"政策的情况下,湖北省城镇职工基本养老保险基金都不具备可持续性。

基于"减税降费"的背景,分析征收社会保险费体制改革对湖北省城镇职工基本养老保险基金财务运行状况的影响。本书假定 2022 年及以后湖北省城镇职工基本养老保险征缴率提高至 80.94%(=78.74%+2.2%)的情况。2018 年及以前湖北省实行"社保经办机构核定缴费基数、税务部门征收"的模式,而自 2019 年 1 月 1 日以后全部改为"税务部门核定缴费基数、税务部门征收"的模式,可以预期征缴率将进一步上升。因而,本书将 90% 和 100% 设定为征缴率的另外两档,以分析征缴率的提高对湖北省城镇职工基本养老保险基金的影响。经研究发现:

(1)当征缴率提高至 80.94% 时,湖北省城镇职工基本养老保险基金分别在 2022年和 2023 年开始出现当期赤字和累计赤字,2065 年累计赤字额度为 147003.15 亿元,与仅实施"减税降费"的情况相比,2065 年累计赤字下降 0.4%。

(2)当征缴率提高至 90% 时,湖北省城镇职工基本养老保险基金分别在 2022 年和 2024 年开始出现当期赤字和累计赤字,2065 年累计赤字额度为 144331.51 亿元,与仅实施"减税降费"的情况相比,2065 年累计赤字下降 2.26%。

(3)当征缴率提高至 100% 时,湖北省城镇职工基本养老保险基金分别在 2022年和 2025 年开始出现当期赤字和累计赤字,2065 年累计赤字额度为 141440.14 亿元,与仅实施"减税降费"的情况相比,2065 年累计赤字下降 4.35%。可见,征收体制改革可以改善湖北省城镇职工基本养老保险基金的财务运行状况,但对城镇职工基本养老保险基金可持续性的影响程度较小。

综上所述,在"减税降费"和人口老龄化程度加深的背景下,如果没有其他政策干预,湖北省城镇职工基本养老保险基金不具备可持续性;当实施社会保险费征收体制改革时,湖北省城镇职工基本养老保险基金的可持续性得到提高,在中长期内能实现基金精算平衡(收支平衡)。

第二节 对策与建议

一、鼓励生育

人口老龄化程度的加深与生育水平偏低已成为我国的基本国情。在此背景下,2016 年 1 月 1 日"全面二孩"政策正式实施,这标志着我国(含湖北省)生育政策调整迈向新的台阶。通过前文的分析和检验可知,"全面二孩"政策能起到改善湖北省城镇职工基本养老保险基金财务运行状况的作用,并且随着"全面二孩"生育意愿的提升,对提高城镇职工基本养老保险基金可持续性的影响越大。因此,应当采取积极的政策鼓励生育,实施提升生育意愿的措施,引导更多符合条件的夫妇生育二孩,这样可以进一步促进我国(含湖北省)城镇职工基本养老保险基金的可持续发展。

纵观生育政策的演变进程,我国在高生育率时期,实施过节育政策,在生育率持续走低后,又转而稳定生育水平,到最后逐渐鼓励生育。日本、韩国、新加坡、英国等国家的人口政策也有过类似经历。因此,这些国家在鼓励生育方面的经验对我国(含湖北省)具有参考意义。

(一)出台专门法律法规,营造鼓励生育的良好氛围

日本从国家战略高度,通过立法规定来促进生育率的提高。早期为解决妇女就业与养育子女之间的矛盾,日本出台并修订了《育儿休业法》[①],其中规定养育不满 1 岁的婴儿,男女职工均可提出休假,企业不能拒绝或以此为由解雇职工。政府向已执行《育儿休业法》的企业发放"育儿休业"奖金,以鼓励更多企业参与进来。随后又出台了《少子化社会对策基本法》和《少子化对策大纲》[②]作为应对少子化与高龄化的法律法规保障。

新加坡政府则通过制定"工作与生活和谐计划"(Work-Life Works),将生育保护

---

① 日本《育儿休业法》以提供育儿支援、帮助员工兼顾家庭和工作为主要内容。

② 2003 年 7 月,日本制定了《少子化社会对策基本法》,同年 9 月实施。根据这个法律,为解决少子化问题,日本在 2004 年 6 月依据《少子化社会对策基本法》制定了首部《少子化对策大纲》,此后每五年修改一次。2015 年 3 月进行了第二次修改,大纲明确提出把在妻子生产后男性休陪产假的比例提高到 80%,并首次提出减轻 3 个子女以上的多子女家庭负担、为年轻人结婚提供支援等具体措施。

期延长到孕妇的整个怀孕期,并延长育儿事假时限等以鼓励女性生育。

目前,我国对《人口与计划生育法》进行了修订,确定了"全面二孩"政策的法律地位,但我国尚未从国家层面出台鼓励生育的法律法规,未能在全国层面营造鼓励生育的氛围,导致现行的二孩生育意愿并不高。因此,若能从全国层面立法对女性进行关怀,树立保障女性生育权利的权威,便可在全社会营造鼓励生育二孩和生育三孩的氛围,激励符合条件的夫妇生育。

(二) 实施经济激励措施,发挥社会力量

为鼓励生育,日本、韩国、新加坡、英国等国开展了各种形式的经济激励与保障。2012 年,日本新颁布的儿童补贴政策有家庭收入限制,根据孩次与儿童年龄进行差异化的补贴:3 岁以下的儿童,为每人每月发放 1.5 万日元补贴;3 岁以上至小学期间的儿童,对于第一个和第二个孩子,为每人每月发放 1 万日元,从第三个孩子开始,在原有基础上每月增加 0.5 万日元,为每人每月发放 1.5 万日元;初中学生每人每月可获得 1 万日元补贴。

在英国,为鼓励妇女生育孩子,生完孩子的母亲有 39 周的带薪假期,其中前 6 周有不低于个人原来工资收入 90% 的补贴,如果按照个人以前工资 90% 的补贴低于全国平均津贴,那么按照全国的平均津贴给予补贴;后面 33 周的收入为个人原工资的 10.3% 加上全国平均津贴,并且在这段假期结束后,如果母亲还不想回到原来的岗位上班,那么可以再额外申请停薪留职休假 13 周,且不会因此丢掉工作。英国除了妇女有带薪母育假之外,孩子父亲也有 2 周享受全国平均津贴的带薪父育假。

在德国,除父母双方都享受带薪育儿假[①]之外,父母还均可以申请 156 周的无薪育儿假,且无薪育儿假由夫妇在三年内共享完。在带薪育儿假期间,父母的育儿假津贴均为生育前个人工资的 65%,且最高均不能超过每月 1800 欧元。

新加坡则开展"婴儿花红计划"(Baby Bonus),直接对生育孩子的家庭予以现金奖励,补贴随孩次提高而增加[②]。同时,新加坡政府将为新生儿提供一定金额公积金保健储蓄户头,作为孩子医疗费用的补充;而对女性关怀方面,新加坡政府对在职母亲进行税收减免。

韩国规定在保留职位的基础上,孩子母亲可在子女不满 6 岁时,有 1 年时间在家养育孩子,其间每月可领取 40 万~50 万韩元的底薪[③],并且韩国对收入在 450 万韩元以下的家庭实行免费育儿政策。

在住房方面,新加坡建屋发展局通过育儿优先配房计划、育儿短期住房计划对有

---

① 在德国,单身父母亲均有 14 周带薪假,非单身父母亲均有 12 周带薪假。

② 第一个和第二个孩子可获得 6000 元,第三个和第四个孩子则可获得 8000 元,比之前增加 2000 元。

③ 看世界各国如何鼓励生育——俄罗斯 3—4.5 年长产假等鼓励生育政策收效显著.[2016-03-02] http://health.people.cn/n1/2016/0302/c398004-28164804.html.

子女的夫妇实行政策倾斜,如预留一定比例的出租屋给已育有孩子的首次购房夫妇;在公共租赁房落成期间,对首次购房夫妇允许以优惠的租金比例租住公共租赁房单位等。以低收入为条件,韩国选择为符合条件的新婚夫妇提供保障住房。在保育方面,日本的幼儿园和保育园绝大部分为公立的,且费用根据家庭经济情况而定,与国内的入托难形成鲜明对比。

德国还有家庭津贴制度,采取的是现金津贴与税收优惠相结合模式,即德国所有的孩子可以领取津贴直到 18 岁,并且接受教育延续至 25 岁或者在 21 岁之前登记成为失业人口,津贴则会继续发放。除此之外,德国政府每月还会提供 140 欧元补贴给低收入家庭,发放时间最长可以达 36 个月。

结合日本、韩国、新加坡、英国等国的经验,从经济激励的角度来看,我国可采取如下措施:

(1)以月为单位发放育儿补贴(生育津贴),根据孩次对生养子女的家庭进行梯度奖励;

(2)实行带薪或低薪育儿假,在育儿假期间,给予部分或全额工资,甚至可以延长育儿假,给予停薪留职;

(3)对生育二孩的家庭,给予购房优惠或住房补贴;

(4)对生育二孩的家庭,给予医疗补助与税收减免;

(5)鼓励社会或者政府采用 PPP(Public-Private-Partnership,公私合作)方式举办育托机构(如托儿所等),减轻家庭的育儿负担;

(6)以社区为单位开展妇幼保健。

以上措施可以多方出力,全方位降低生养孩子的成本,缓解生养二孩的压力,以拉升"全面二孩"生育意愿。

(三)转变"独生子女"观念,强调"生育二孩"的积极意义

我国"独生子女"计划生育政策实行已有几十年,少生优生的思想观念已在独生子女这一代形成,就算放开二孩,很多人也不愿意再要第二个孩子,因此政府应该转变宣传口号,强调合理生育,说明"生育二孩"的积极意义,如能提高社会保险基金的可持续性、优化人口结构、降低人口老龄化程度、促进经济增长,让人们的思想观念得到转变。

不仅如此,一直以来我国每年存在一定的非法人流现象,要稳定我国人口数量,改善我国人口结构,可以控制非法人流数量,加大对私立非法人流诊所的监管。

二、尽快实行弹性延迟退休年龄政策

人口年龄结构的变化直接影响着劳动资源供给,人口预期寿命提高会进一步加剧人口老龄化,老年抚养比增长变快。就退休个体而言,若退休年龄规定不变,预期寿命越长则领取养老金期限越长,整体来看,基本养老保险基金支付压力也越大。因

此,应该尽快延迟退休年龄。首先,现行科技与医疗卫生事业的进步与发展提高了我国人口的预期寿命,2015 年我国人均预期寿命已经达到 76.34 岁,而目前我国仍执行的是 1951 年的《劳动保险条例》、1955 年《关于国家机关工作人员退休暂行办法》中的法定退休年龄政策,即女工人 50 岁退休、女干部 55 岁退休、男职工 60 岁退休,人均预期寿命远高于现行退休年龄,具备实施延迟退休的空间。其次,随着平均受教育年限的提高,人力资本存量回收期相应延长,通过延迟退休,进一步开发老年劳动力,还能提高整个社会的人力资本利用率。

然而,延迟退休并不符合当前在职职工预期(阳义南和才国伟,2012 年[①]),缺乏相应的激励机制。因此,应在充分尊重个人意愿的基础上,实施弹性延迟退休,并给予适当的制度激励,如在计发基础养老金时,对超过原有法定退休年龄的工作时段予以更高比例的退休待遇。

三、建立多元筹资机制

基本养老保险基金是老百姓的"养命钱","稳"字当头,安全性自然成为基本养老保险基金管理的首要原则。基金投资以实现基金可持续发展为目标,保值增值尤为重要。而我国仍未实现基本养老保险基金全国统筹,地区间差异大,难以发挥基本养老保险基金投资的规模效应,提高统筹层次,实现基金由市到省再到全国范围的统筹仍然是需要解决的问题。本书前面章节的预测结果显示,在没有任何政策干预的情况下,2020 年湖北省城镇职工基本养老保险基金累计结余消耗完毕,进入累计赤字阶段,支付压力逐步增大,而保民生、惠民生的社会保障工作是政府的一项职责,政府是基本养老保险基金运行的"责任兜底人",政府财政补贴为基本养老保险基金提供一定的资金支持,成为基金收入的直接来源,进而充实基金。因此,考虑增加财政收入,强化政府财政责任,加大财政对基本养老保险基金的支持力度,特别是中央财政对基本养老保险基金的支持力度。同时,可采取发行彩票和债券、划转国有股等方式充实基本养老保险基金。

四、建立多层次养老保险体系

根据世界银行报告,一个完善的养老保险体系需要基本养老保险制度、企业补充养老保险制度(企业年金或职业年金制度)和个人储蓄三个层次[②]。然而,我国(含湖北省)的养老保险体系过于单一,表现为过度依赖基本养老保险,而企业补充养老保

---

① 　阳义南,才国伟.推迟退休年龄和延迟领取基本养老金年龄可行吗——来自广东省在职职工预期退休年龄的经验证据[J].财贸经济,2012(10):111-122.

② 　这是世界银行提出的养老保险"三支柱"模型,如果为"五支柱"模型(仍是由世界银行提出的),则分别为享老金(人人都能享受的最基础的养老金)、社会养老保险、企业补充养老保险、个人储蓄和家庭成员间的养老互助。即使是在"五支柱"模型下,我国的养老保险体系仍是过度依赖社会养老保险。

险和个人储蓄计划的建立模式和发展水平明显滞后。缺乏后两个层次的补充和辅助作用,进一步加重了基本养老保险的负担。因此,建立多层次的养老保险体系,加快发展企业补充养老保险和个人储蓄计划是有效缓解基本养老保险基金支付压力的措施之一。

五、加大基本养老保险费的征收力度

2018 年及以前我国大部分统筹地区的城镇职工基本养老保险实际缴费率均不足 27% 或 28%(彭雪梅、刘阳和林辉,2015 年[①]),特别是在东部地区。这也是导致我国(含湖北省)城镇职工基本养老保险基金支付压力不断上升的原因之一(虽不是最重要的原因)。因此,我国(含湖北省)需加大对基本养老保险费的征缴力度,例如,将信息管理系统应用于基本养老保险费的征缴,随时跟踪企业的缴费情况,对漏缴或逃缴社会养老保险费的企业进行处罚,并纳入诚信黑名单,加强人力资源和社会保障部门、税务部门与财政部门之间的协同合作。

---

① 彭雪梅,刘阳,林辉.征收机构是否会影响社会保险费的征收效果?——基于社保经办和地方税务征收效果的实证研究[J].管理世界,2015(6):63-71.

参 考 文 献

[1] ANDERSON G F, HUSSEY P S. Population Aging: A Comparison among Industrialized Countries [J]. Health Affairs, 2000, 19(3): 191-203.

[2] BARRO R J, BECKER G S. Fertility Choice in a Model of Economic Growth [J]. Econometrica, 1989, 57(2): 481-501.

[3] BOHN H. Will Social Security and Medicare Remain Viable as the U. S. Population is Aging? [R]. CESifo Working Paper, 2003.

[4] BONGAARTS J. Population Aging and the Rising Cost of Public Pensions [J]. Population & Development Review, 2010, 30(1): 1-23.

[5] BOVENBERG A L. Financing Retirement in the European Union [J]. International Tax & Public Finance, 2003, 10(6): 713-734.

[6] BREYER F, HUPFELD S. On the Fairness of Early-Retirement Provisions [J]. German Economic Review, 2010, 11(1): 60-77.

[7] CHESNAIS J C. Fertility, Family, and Social Policy in Contemporary Western Europe [J]. Population & Development Review, 1996, 22(4): 729-739.

[8] CORBO V. Policy Challenges of Population Aging and Pension Systems in Latin America [R]. Global Demographic Change: Economic Impacts and Policy Challenges, 2004.

[9] CREMER H, PESTIEAU P. The Double Dividend of Postponing Retirement [J]. International Tax & Public Finance, 2003, 10(4): 419-434.

[10] DI M L. The Macro Determinants of Health Expenditure in the United States and Canada: Assessing the Impact of Income, Age Distribution and Time [J]. Health Policy, 2005, 71(1): 23-42.

[11] FUTAGAMI K, NAKAJIMA T. Population Aging and Economic Growth [J]. Journal of Macroeconomics, 2002, 23(1): 31-44.

[12] GAL Z. Immigration in the United States and the European Union. Helping to Solve the Economic Consequences of Ageing? [J]. Sociologia, 2008, 40(1): 35-61.

[13] GERDTHAM U G. The Impact of Aging on Health Care Expenditure in Sweden [J]. Health Policy, 1993, 24(1): 1-8.

[14] GRECH A G. Assessing the Sustainability of Pension Reforms in Europe [J].

Journal of International & Comparative Social Policy,2013,29(2):143-162.

[15] GRUBER J, WISE D. Social Security and Retirement: An International Comparison [J].American Economic Review,1998,88(2):158-163.

[16] JAMES E.How Can China Solve its Old-Age Security Problem? The Interaction between Pension,State Enterprise and Financial Market Reform [J].Journal of Pensions Economics & Finance,2002,1(1):53-75.

[17] LEE R, EDWARDS R. The Fiscal Effects of Population Aging in the US: Assessing the Uncertainties [J].Tax Policy & the Economy,2002,16:141-180.

[18] MAYHEW L D.Health and Elderly Care Expenditure in an Aging World [R]. IIASA Research Report,2000.

[19] MAYR K. The Fiscal Impact of Immigrants in Austria—A Generational Accounting Analysis [J].Empirica,2005,32(2):181-216.

[20] MEIJER C D,WOUTERSE B,POLDER J,et al.The Effect of Population Aging On Health Expenditure Growth: A Critical Review [J]. European Journal of Ageing,2013,10(4):353-361.

[21] MILLER T.Increasing Longevity and Medicare Expenditures [J].Demography, 2001,38(2):215-226.

[22] RAZIN A, SADKA E. Migration and Pension with International Capital Mobility[J].Journal of Public Economics,1999,74(1):141-150.

[23] SCHNEIDER E L,GURALNIK J M.The Aging of America:Impact On Health Care Costs [J].JAMA,1990,263(17):2335.

[24] SIN Y.Pension Liabilities and Reform Options for Old Age Insurance [R]. World Bank Working Paper,2005.

[25] VERBIČ M,MAJCEN B,VAN NIEUWKOOP R.Sustainability of the Slovenian Pension System: An Analysis with an Overlapping-Generations General Equilibrium Model [J].Eastern European Economics,2006,44(4):60-81.

[26] WELLER C.Don't Raise the Retirement Age [J].Challenge,2002,45(1):75-87.

[27] WHITEFORD P,WHITEHOUSE E.Pension Challenges and Pension Reforms in OECD Countries [J].Oxford Review of Economic Policy,2006,22(1):78-94.

[28] ZWEIFEL P,FELDER S,MEIERS M.Ageing of Population and Health Care Expenditure:A Red Herring? [J].Health Economics,1999,8(6):485-496.

[29] 艾慧,张阳,杨长昱,等.中国养老保险统筹账户的财务可持续性研究——基于开放系统的测算[J].财经研究,2012(2):91-101.

[30] 陈沁,宋铮.城市化将如何应对老龄化?——从中国城乡人口流动到养老基金平衡的视角[J].金融研究,2013(6):1-15.

[31] 陈友华.二孩政策地区经验的普适性及其相关问题——兼对"21世纪中国生育政策研究"的评价[J].人口与发展,2009,15(1):9-22.

[32] 陈友华,胡小武.低生育率是中国的福音?——从第六次人口普查数据看中国人口发展现状与前景[J].南京社会科学,2011(8):53-59.

[33] 程杰,赵文.人口老龄化进程中的医疗卫生支出:WHO成员国的经验分析[J].中国卫生政策研究,2010,3(4):57-62.

[34] 程永宏.现收现付制与人口老龄化关系定量分析[J].经济研究,2005(3):57-68.

[35] 崔红艳,徐岚,李睿.对2010年人口普查数据准确性的估计[J].人口研究,2013(1):10-21.

[36] 邓大松,杨红燕.老龄化趋势下基本医疗保险筹资费率测算[J].财经研究,2003,29(12):39-44.

[37] 范兆媛,周少甫.经济增长与老龄化对医疗费用增长的空间效应分析[J].中国卫生经济,2016,35(6):62-64.

[38] 封进,何立新.中国养老保险制度改革的政策选择——老龄化、城市化、全球化的视角[J].社会保障研究,2012(3):29-41.

[39] 封铁英,高鑫.基于精算模型参数调整的农村养老金可持续性仿真研究[J].中国管理科学,2015,23(9):153-161.

[40] 傅崇辉,张玲华,李玉柱.从第六次人口普查看中国人口生育变化的新特点[J].统计研究,2013,30(1):68-75.

[41] 郭志刚.中国的低生育水平及相关人口研究问题[J].学海,2010(1):5-25.

[42] 郭志刚.六普结果表明以往人口估计和预测严重失误[J].中国人口科学,2011(6):2-13.

[43] 郭志刚.中国的低生育率与被忽略的人口风险[J].国际经济评论,2010(6):112-126.

[44] 郝娟,邱长溶.2000年以来中国城乡生育水平的比较分析[J].南方人口,2011,26(5):27-33.

[45] 何文炯,徐林荣,傅可昂,等.基本医疗保险"系统老龄化"及其对策研究[J].中国人口科学,2009(2):74-83.

[46] 蒋正华.JPOP-1人口预测模型[J].西安交通大学学报,1983(4):114-117.

[47] 景鹏,胡秋明.企业职工基本养老保险统筹账户缴费率潜在下调空间研究[J].中国人口科学,2017(1):21-33.

[48] 康传坤.提高缴费率还是推迟退休?[J].统计研究,2012,29(12):59-68.

[49] 李建新.中国人口结构问题[M].北京:社会科学文献出版社,2009.

[50] 李亚青,申曙光.退休人员不缴费政策与医保基金支付风险——来自广东省的证据[J].人口与经济,2011(3):70-77.

[51] 林宝.提高退休年龄对中国养老金隐性债务的影响[J].中国人口科学,2003(6): 48-52.

[52] 刘昌平,殷宝明.中国基本养老保险制度财务平衡与可持续性研究——基于国发〔2005〕38号文件形成的城镇基本养老保险制度[J].财经理论与实践,2011,32(1):19-24.

[53] 刘家强,唐代盛."普遍两孩"生育政策的调整依据、政策效应和实施策略[J].人口研究,2015,39(6):3-12.

[54] 骆正清,江道正,陈正光.生育政策调整对我国城镇企业职工基本养老保险代际平衡的影响[J].广西财经学院学报,2015,28(3):94-99.

[55] 彭希哲.实现全面二孩政策目标需要整体性的配套[J].探索,2016(1):71-74.

[56] 彭希哲,胡湛.公共政策视角下的中国人口老龄化[J].中国社会科学,2011(3): 121-138.

[57] 钱振伟,卜一,张艳.新型农村社会养老保险可持续发展的仿真评估:基于人口老龄化视角[J].经济学家,2012(8):58-65.

[58] 史若丁,汪兵韬.人口老龄化对城镇基本医疗保险基金冲击的分析[J].改革与开放,2011(21):22-23.

[59] 宋世斌.我国医疗保障体系的债务风险及可持续性评估[M].北京:经济管理出版社,2009.

[60] 孙博,董克用,唐远志.生育政策调整对基本养老金缺口的影响研究[J].人口与经济,2011(2):101-107.

[61] 谭湘渝,樊国昌.中国养老保险制度未来偿付能力的精算预测与评价[J].人口与经济,2004(1):55-58.

[62] 唐大鹏.社会保险基金风险管理[M].大连:东北财经大学出版社,2015.

[63] 唐运舒,吴爽爽."全面二孩"政策实施能有效破解城镇职工养老保险基金支付危机吗——基于不同人口政策效果情景的分析[J].经济理论与经济管理,2016,36(12):46-57.

[64] 汪伟.计划生育政策的储蓄与增长效应:理论与中国的经验分析[J].经济研究,2010(10):63-77.

[65] 王超群.中国人均卫生费用增长的影响因素分解[J].保险研究,2013(8): 118-127.

[66] 王翠琴,田勇,薛惠元.城镇职工基本养老保险基金收支平衡测算:2016～2060——基于生育政策调整和延迟退休的双重考察[J].经济体制改革,2017(4):27-34.

[67] 王广州,张丽萍.到底能生多少孩子?——中国人的政策生育潜力估计[J].社会学研究,2012(5):119-140.

[68] 王华.人口老龄化与医疗卫生费用关系的地区间比较[J].医学与社会,2012,25(10):7-12.

[69] 王金营,戈艳霞.2010年人口普查数据质量评估以及对以往人口变动分析校正[J].人口研究,2013,37(1):22-33.

[70] 王晓军.对我国养老保险制度财务可持续性的分析[J].人口与发展,2002,8(2):26-29.

[71] 王晓军,米海杰.养老金支付缺口:口径、方法与测算分析[J].数量经济技术经济研究,2013(10):49-62.

[72] 王晓燕.老龄化过程中的医疗保险基金使用现状及平衡能力分析[J].统计与预测,2004(2):20-22.

[73] 王增文.人口迁移、生育率及人口稳定状态的老龄化问题研究[J].中国人口·资源与环境,2014,24(10):114-120.

[74] 魏益华,迟明.人口新常态下中国人口生育政策调整研究[J].人口学刊,2015,37(2):41-45.

[75] 文裕慧.城镇职工基本医疗保险退休人员适当缴费研究[J].现代管理科学,2015(10):91-93.

[76] 吴忠观.人口学修订本[M].重庆:重庆大学出版社,2005.

[77] 肖彩波,刘红卫.全面二孩政策对城乡居民基本养老保险制度实施的影响[J].经济与管理评论,2018(2):26-32.

[78] 幸超.延迟退休对城镇职工医保基金收支平衡的影响——基于统筹账户的精算模型模拟分析[J].湖南农业大学学报:社会科学版,2018(3):13.

[79] 徐镱菲,张明喜.农村养老保险基金缺口预测及实证分析——基于甘肃省的调查研究[J].财经论丛,2012,166(4):68-74.

[80] 闫坤,刘陈杰.我国"新常态"时期合理经济增速测算[J].财贸经济,2015,36(1):17-26.

[81] 阳义南,才国伟.推迟退休年龄和延迟领取基本养老金年龄可行吗——来自广东省在职职工预期退休年龄的经验证据[J].财贸经济,2012(10):111-122.

[82] 杨燕绥,于淼.人口老龄化对医疗保险基金的影响分析[J].中国医疗保险,2014(10):12-15.

[83] 杨再贵.现阶段背景下企业职工基本养老保险最优缴费率与最优记账利率研究[J].华中师范大学学报:人文社会科学版,2018(1):55-64.

[84] 殷俊,黄蓉.人口老龄化、退休年龄与基础养老金长期偿付能力研究[J].理论与改革,2012(4):73-76.

[85] 尹文耀,姚引妹,李芬.三论中国生育政策的系统模拟与比较选择——兼论"一代独生子女"政策"自着陆"[J].浙江大学学报:人文社会科学版,2007,37(6):

157-167.

[86] 于洪,钟和卿.中国基本养老保险制度可持续运行能力分析——来自三种模拟条件的测算[J].财经研究,2009,35(9):26-35.

[87] 于文广,李倩,王琦,等.基于年龄与工资水平差异的延迟退休对我国养老保险基金收支平衡的影响[J].中国软科学,2018(2):54-67.

[88] 余立人.延长退休年龄能提高社会养老保险基金的支付能力吗?[J].南方经济,2012,30(6):74-84.

[89] 余央央.老龄化对中国医疗费用的影响——城乡差异的视角[J].世界经济文汇,2011(5):64-79.

[90] 曾益.我国城镇职工基本医疗保险个人账户公平性研究[J].上海财经大学学报,2012(1):77-84.

[91] 曾益,凌云.中国社会保险缴费率的降低空间与方案模拟——以城镇企业职工基本养老保险为例[J].财经论丛,2017,221(6):50-59.

[92] 曾益,凌云,张心洁.从"单独二孩"走向"全面二孩":城乡居民基本养老保险基金可持续性能提高吗?[J].财政研究,2016(11):65-79.

[93] 曾益,任超然,李媛媛.中国基本医疗保险制度财务运行状况的精算评估[J].财经研究,2012(12):26-37.

[94] 曾益,任超然,刘倩.破解养老金支付危机:"单独二孩"政策有效吗?——以城镇职工基本养老保险为例[J].财经研究,2015,41(1):21-34.

[95] 曾益,任超然,刘倩."单独二孩"政策对基本医疗保险基金的支付能力影响研究[J].保险研究,2015(1):112-127.

[96] 曾益,任超然,汤学良.延长退休年龄能降低个人账户养老金的财政补助吗?[J].数量经济技术经济研究,2013(12):81-96.

[97] 曾毅.试论二孩晚育政策软着陆的必要性与可行性[J].中国社会科学,2006(2):93-109.

[98] 翟振武,张现苓,靳永爱.立即全面放开二胎政策的人口学后果分析[J].人口研究,2014,38(2):3-17.

[99] 张鹏飞,陶纪坤.全面二孩政策对城镇职工基本养老保险收支的影响[J].人口与经济,2017(1):104-115.

[100] 张思锋,王立剑,张文学.人口年龄结构变动对基本养老保险基金缺口的影响研究——以陕西省为例[J].预测,2010,29(2):37-41.

[101] 张心洁,周绿林,曾益.生育政策调整对提高新农合基金可持续运行能力的影响[J].经济管理,2016(4):168-180.

[102] 张熠.延迟退休年龄与养老保险收支余额:作用机制及政策效应[J].财经研究,2011(7):4-16.

［103］郑秉文.下篇:欧债危机对养老金改革的启示——中国应如何深化改革养老保险制度[J].中国社会保障,2012(2):30-33.

［104］郑秉文.从"高龄少子"到"全面二孩":人口均衡发展的必然选择——基于"人口转变"的国际比较[J].新疆师范大学学报:哲学社会科学版,2016(4):24-35.

［105］周渭兵.社会养老保险精算理论、方法及其应用[M].北京:经济管理出版社,2005.

［106］周长洪.关于现行生育政策微调的思考——兼论"单独家庭二孩生育政策"的必要性与可行性[J].人口与经济,2005(2):1-6.